Hilger Kespohl (Hrsg.)

# Die Arp-Schnitger-Orgel in St. Pankratius Hamburg-Neuenfelde

Hilger Kespohl (Hrsg.)

# DIE ARP-SCHNITGER-ORGEL IN ST. PANKRATIUS HAMBURG-NEUENFELDE

SCHNELL + STEINER

Bildnachweis:
Altländer Archiv: S. 24
Alexander Voss: Titelbild, S. 8, 9, 16, 17
Kirchengemeinde Neuenfelde: S. 26
Knaufb - stock.adobe.com: S. 6
Hilger Kespohl: S. 10, 11, 12, 14, 15, 19, 20, 22, 25, 28, 30, 31, 32, 34, 35, 36, 37, 39, 40, 42, 43, 45, 46, 47, 49, 50, 51, 52, 55, 56, 58, 61

Bibliografische Information der Deutschen Nationalbibliothek
Die Deutsche Nationalbibliothek verzeichnet diese Publikation in der Deutschen Nationalbibliografie; detaillierte bibliografische Daten sind im Internet über http://dnb.dnb.de abrufbar.

1. Auflage 2021


Layout und Satz: typegerecht berlin
Druck: Optimal media GmbH, Röbel/Müritz

ISBN: 978-3-7954-3461-8

Diese Veröffentlichung bildet Band 291 in der Reihe »Große Kunstführer« unseres Verlages. Begründet von Dr. Hugo Schnell (†) und Dr. Johannes Steiner (†).
284. Veröffentlichung der Gesellschaft der Orgelfreunde (GdO)



Weitere Informationen zum Verlagsprogramm erhalten Sie unter:
www.schnell-und-steiner.de

# INHALT

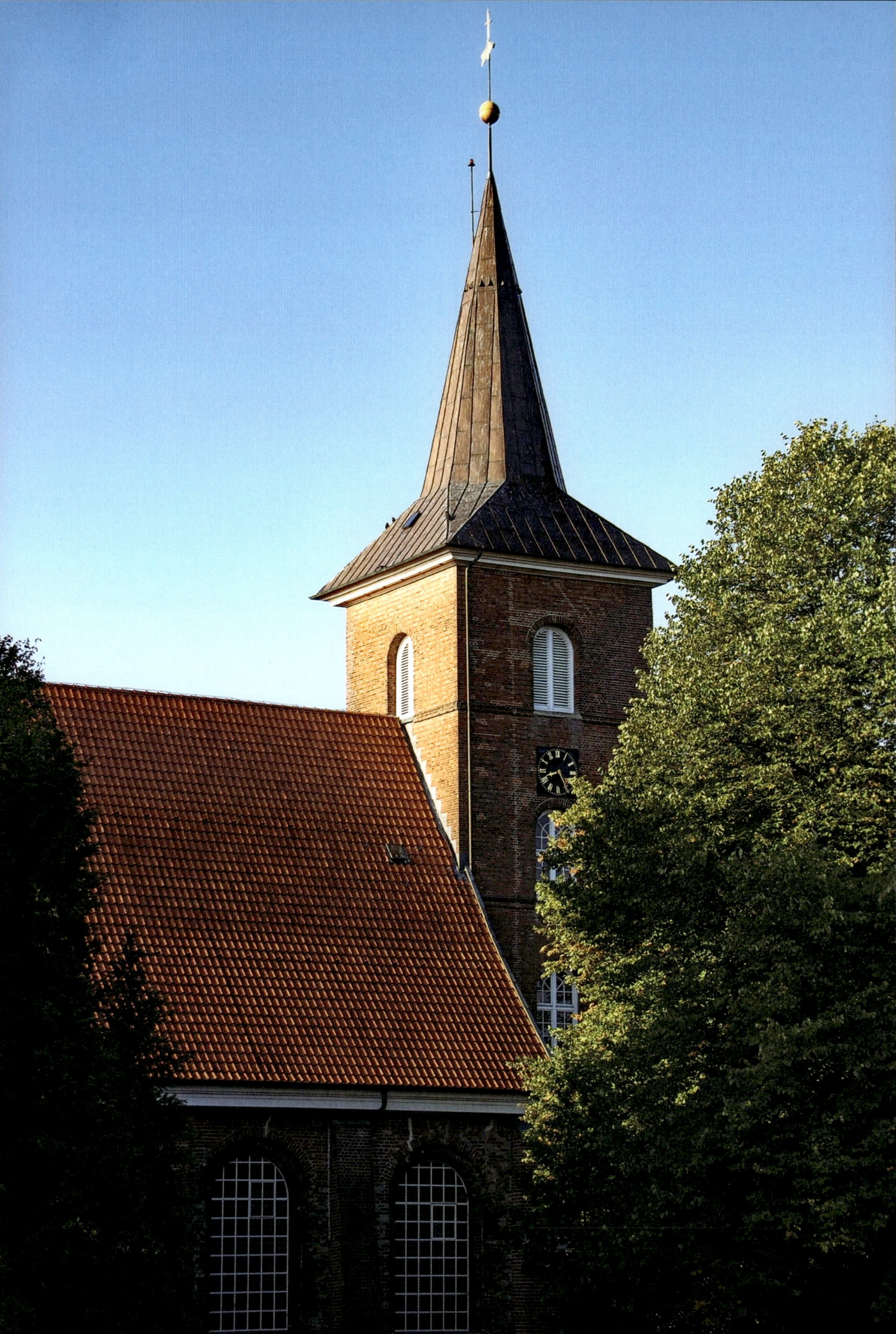

Hilger Kespohl

# GESCHICHTE DER ST. PANKRATIUS-KIRCHE UND IHRER ORGEL

Die St. Pankratius-Kirche in Neuenfelde ist die mittlere von drei barocken Saalkirchen, die in der zweiten Hälfte des 17. Jahrhunderts im Alten Land neu errichtet wurden. Den Anfang machte 1664 die St. Matthias-Kirche in Jork, deren tiefgreifender Umbau im westlichen Teil quasi einem Neubau gleichkam. Es folgten 1682 die Kirche in Neuenfelde und 1700 die Kirche in Estebrügge, beide als vollständige Neubauten an Stelle ihrer mittelalterlichen Vorgänger. Alle drei Kirchen sind im Innenraum mit einem weiten hölzernen Tonnengewölbe überspannt. Sie zeichnen sich besonders im Vergleich mit den älteren Dorfkirchen der Region durch einen weiten luftigen Raumeindruck aus. Die Neuenfelder Raumkonzeption mit dem axialen Gegenüber von Kanzelaltar und Orgel wurde mit einiger Verzögerung wegweisend für den Kirchenbau in Norddeutschland. So homogen wie sich dieses Konzept heute in Neuenfelde darstellt, war es aber vermutlich nicht von Anfang an geplant. Einige Unstimmigkeiten deuten auf Planungsänderungen während der Bauzeit hin.

Auf Initiative von Propst Johann Hinrich von Finckh und unter Leitung des Architekten Matthias Wedel wurde die Kirche 1682 in enorm kurzer Bauzeit von gut sechs Monaten errichtet. Am 1. Advent 1682 fand der Einweihungsgottesdienst wohl in einer Art Rohbau statt. Große Teile des Interieurs wurden aus der alten Kirche zunächst übernommen, darunter die 1673 erbaute Orgel von Hans Christoph Fritzsche (Frietzsch). Die doppelte Emporenanlage im Westen wurde Anfang 1683 eingebaut, sie war das erste neue Ausstattungsstück. Schon hier zeigt sich eine nicht bis ins letzte Detail durchdachte Bauplanung, denn die obere Empore durchschneidet sehr ungünstig ein heute nicht mehr sichtbares ovales Fenster in der Westwand. Ein nächster Schritt war ebenfalls 1683 die Bemalung des großen hölzernen Tonnengewölbes durch die Maler Heinrich Berichau und Henrich Christopher Wördenhoff. Mit einem reichen Bildprogramm ist sie das wesentliche Gestaltungselement der Kirche.

Die illusionistisch gemalte Balustrade am Gewölbeansatz teilt den Raum in eine himmlische und eine irdische Zone. Im Osten über dem Altar ist das Hauptmotiv die Darstellung des Jüngsten Gerichts mit Jesus als Weltenrichter (Christus Pantokrator). Zahlreiche Engel begleiten sowohl diese Szene als auch die übrigen Motive der Deckenbemalung. An der Südseite weisen die Bildmotive und Bibelverse noch auf die ursprünglich geplante

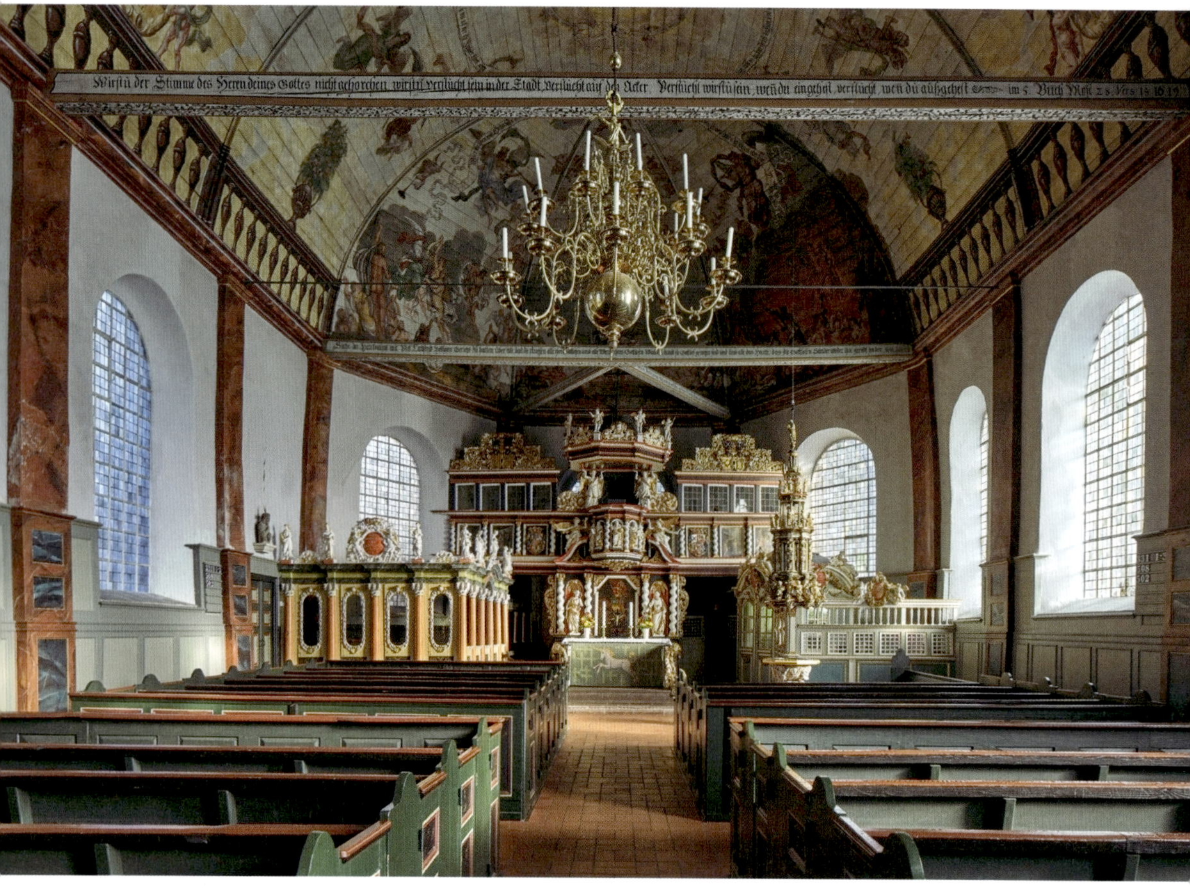


traditionelle Aufstellung der Kanzel an der rechten Seite des Altars hin. Der heute den Raum beherrschende Kanzelaltar ist vermutlich das Ergebnis einer Planänderung. Durch eine Notiz im Kirchenrechnungsbuch ist belegt, dass Arp Schnitger 1688 zusammen mit Probst von Finckh nach Stade und Harburg reiste, um dort Kanzeln und Altäre zu besichtigen. Zu diesem Zeitpunkt war der Hamburger Bildschnitzer Christian Precht schon längst mit der Anfertigung einer Kanzel beauftragt und hatte vermutlich schon mit seinen Arbeiten begonnen. Die Beratungstätigkeit von Arp Schnitger ist also wahrscheinlich mit einer Planungsänderung oder mit der Klärung von Unstimmigkeiten in Verbindung zu bringen.[1] Weitergehende Spekulationen, dass Arp Schnitger die Anregung für den Kanzelaltar gegeben haben könnte oder in gar entworfen hat, sind anhand der spärlichen Archivalien nicht zu belegen.[2] Im Ergebnis sehen wir aber heute den ältesten Kanzelaltar Norddeutschlands. Mit dieser für den norddeutschen Raum neuen Konzeption korrespondiert die Aufstellung der Orgel auf

△ Innenraum nach Osten

▷ Innenraum nach Westen

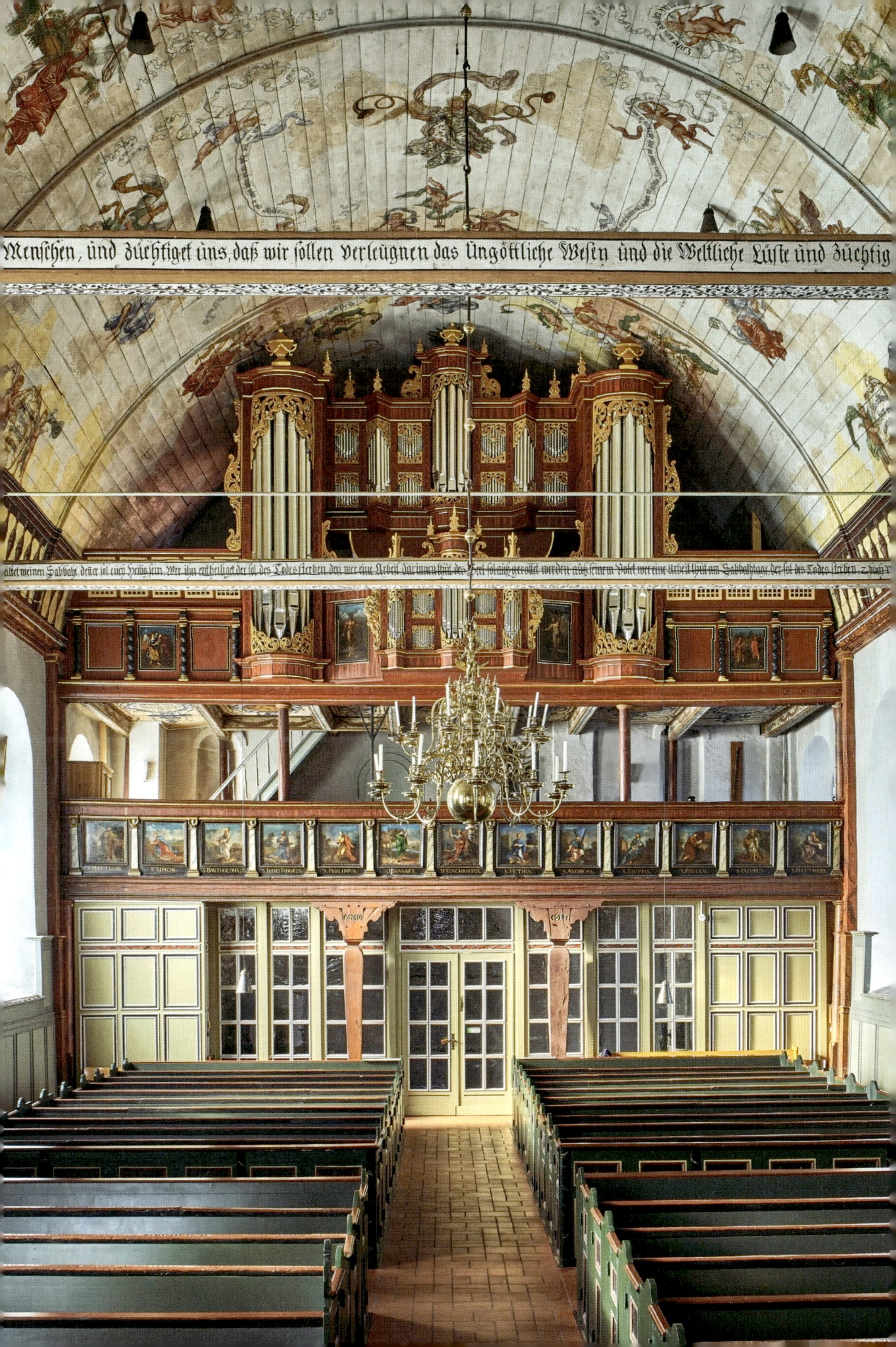
Menschen, und züchtiget uns, daß wir sollen verleugnen das Ungöttliche Wesen und die Weltliche Lüste und züchtig

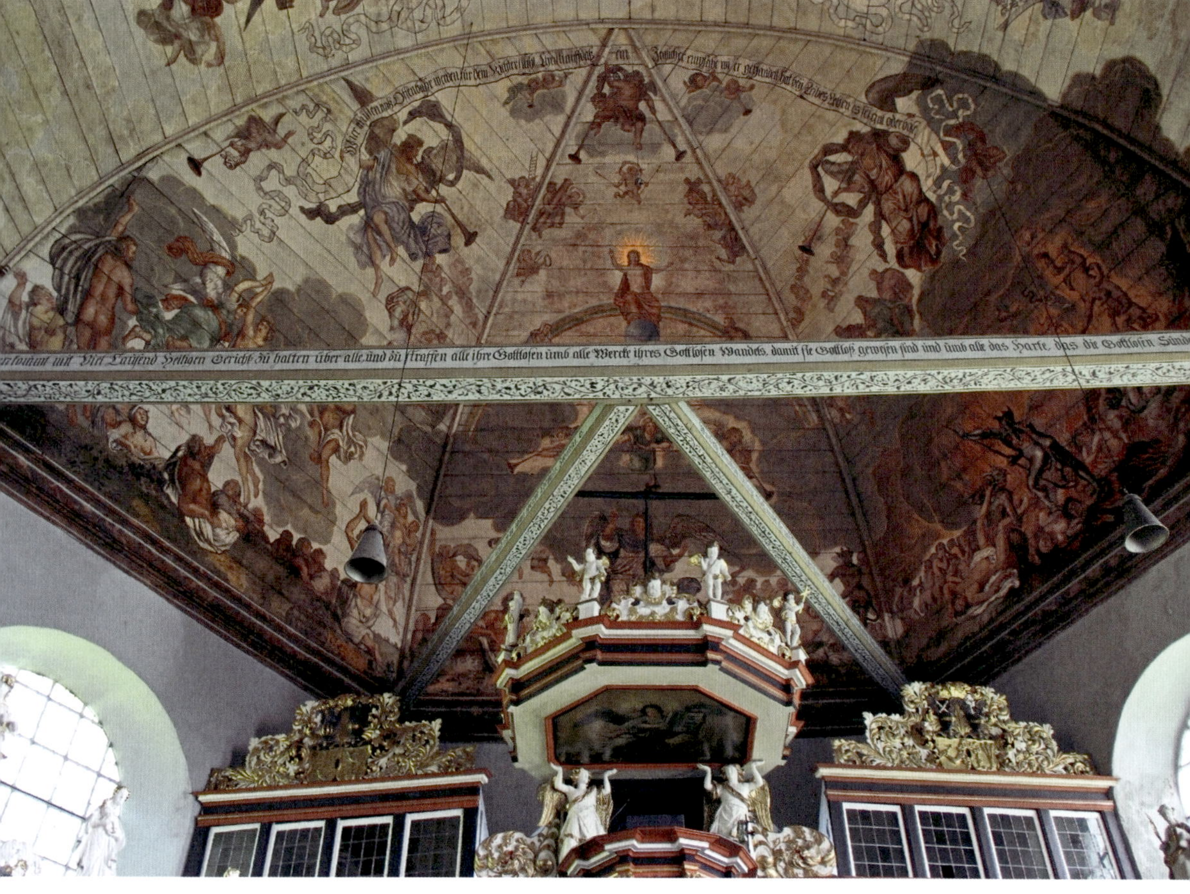


der hohen zweiten Empore im Westen. Im Alten Land war der traditionelle Platz der Orgel zumeist auf der Nordseite in der Nähe des Altars. Ab Ende des 17. Jahrhunderts wurden vorhandene Orgeln nach und nach von der Nordseite auf die Westempore versetzt, mancherorts wurde die alte Aufstellung aber noch bis weit ins 19. Jahrhundert beibehalten. Die Versetzung der Instrumente vollzog sich parallel zur sich wandelnden Funktion der Orgel, die ursprünglich im Wechsel mit dem unbegleiteten Gemeindegesang oder als Ensembleinstrument eingesetzt wurde. Die Orgelbegleitung des Gemeindegesangs ist am Ende des 17. Jahrhunderts zwar nur vereinzelt nachweisbar, der neue Aufstellungsort und die deutlich kräftigere Intonation ab diesem Zeitpunkt können aber als Indizien dafür gewertet werden, dass die Orgeln nach und nach auch zur Begleitung des Gemeindegesangs eingesetzt wurden. Dieser Wandlungsprozess zog sich in Norddeutschland über mehr als einhundert Jahre hin und wurde von manchen spitzfindig geführten Diskussionen über die Aufgaben der Kirchenmusik begleitet.[3] Für neu erbaute Kirchen und Orgeln war jedenfalls am Ende des 17. Jahrhunderts der Platz der Orgel auf der

△ Deckengemälde »Das Jüngste Gericht«

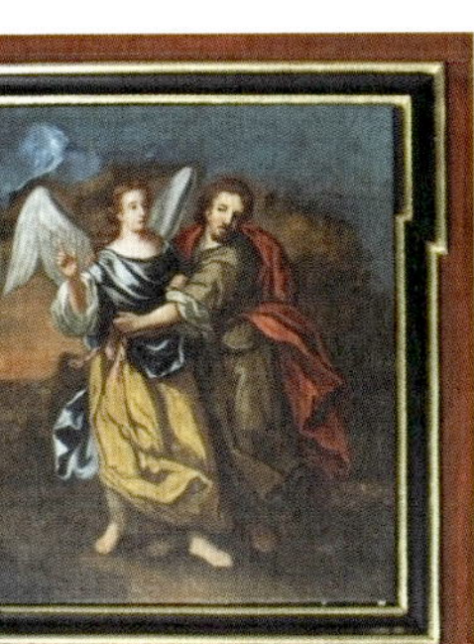
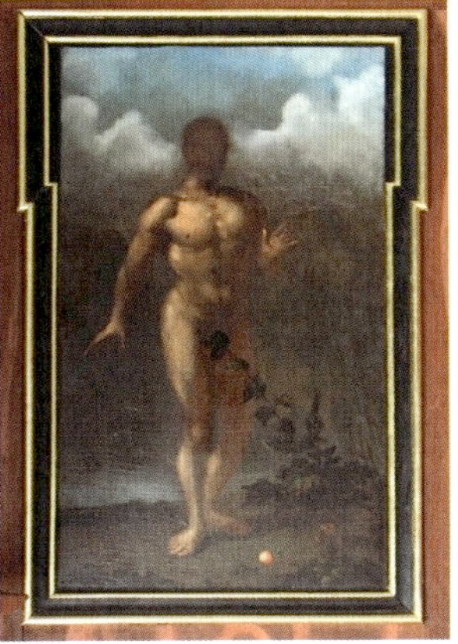
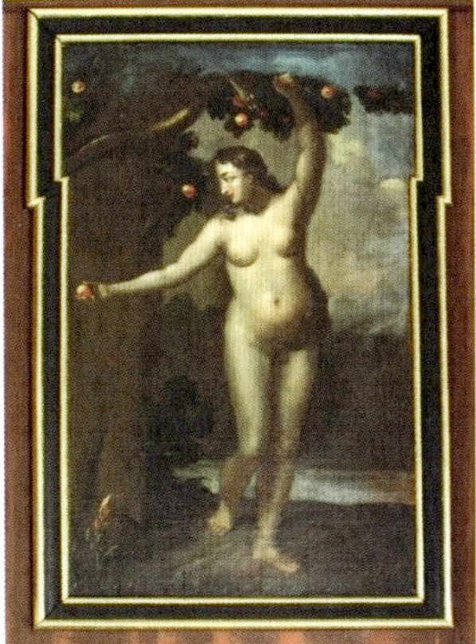
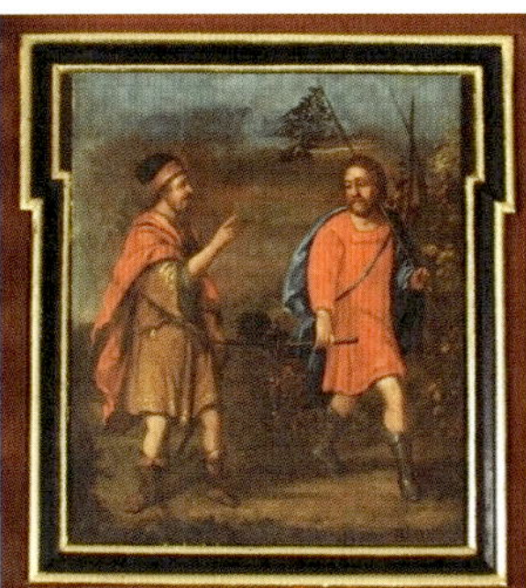

Westempore selbstverständlich und zusammen mit dem modernen Kanzelaltar ergab sich hier in Neuenfelde – ob bewusst oder unbewusst ist Interpretationssache – wieder das korrespondierende Gegenüber von Orgel und Kanzel: früher im Norden und Süden, hier im Westen und Osten.

Die hohe Aufstellung auf der oberen Empore verbindet den akustischen Vorteil der optimalen Klangreflexion an der Decke mit dem rein praktischen Vorteil der optimalen Raumausnutzung durch weitere Sitzplätze auf der unteren Empore. In Verbindung mit der Deckenbemalung, die im Westen ganz der Musik gewidmet ist, wird die Orgel auch Teil des dort dargestellten himmlischen Orchesters. Mit der häufig als »Organistenmusik« bezeichneten Ensemblemusik für Sänger, Orgel und weitere Instrumente bekam die Gemeinde einen akustischen Vorgeschmack auf die Wonnen des Himmels und mit der allmählich sich durchsetzenden Orgelbegleitung des Gemeindegesangs wurde die singende Gemeinde in die himmlische Musik einbezogen.

Die obere Emporenbrüstung bildet quasi die Schwelle zum Himmel. Auf gleicher Höhe verlaufen auch die Zugbalken, die jeweils beidseitig mit Bibelzitaten versehen sind. Diese Bibelverse haben überwiegend mahnenden Charakter. Die Inschrift auf der Rückseite des Zugbalkens direkt vor der Orgel ermahnt die Musiker, ihre Kunst ausschließlich zum Lobe Gottes einzusetzen: »Wehe denen, die des Morgens früh auff sind, des Sauffens sich zu befleysigen, und sitzen biß in die Nacht, daß sie der Wein erhitzet, und haben Harffen Psalter Paucken Pfeiffen und Wein in ihrem Wolleben, und sehen nicht auff die Wercke des Herrn noch auff das gescheffte seiner Hende.« (Jes 5, 11 f.) Hier zeigt sich, dass die Rolle von Kunstmusik im Gottesdienst nicht unumstritten war.

In die obere Emporenbrüstung sind vier Ölgemälde mit Szenen des Alten Testaments eingelassen, die sich nicht auf die Orgel beziehen, sondern Teile des gesamten Bildprogramms der Kirche sind. Die Darstellung des Sündenfalls durch Adam und Eva links und rechts vom Rückpositiv ist als Gegenüber zur Darstellung des Weltgerichts zu verstehen so wie es der Apostel Paulus beschreibt: »Denn da durch einen Menschen der Tod gekommen ist, so kommt auch durch einen Menschen die Auferstehung der Toten. Denn wie in Adam alle sterben, so werden in Christus alle lebendig gemacht werden.« (1. Kor 15, 21–22) Die beiden äußeren Gemälde zeigen im Süden »Jakob ringt mit dem Engel« (Gen 32, 22–33) und im Norden die Kund-

△ Ölgemälde der oberen Empore

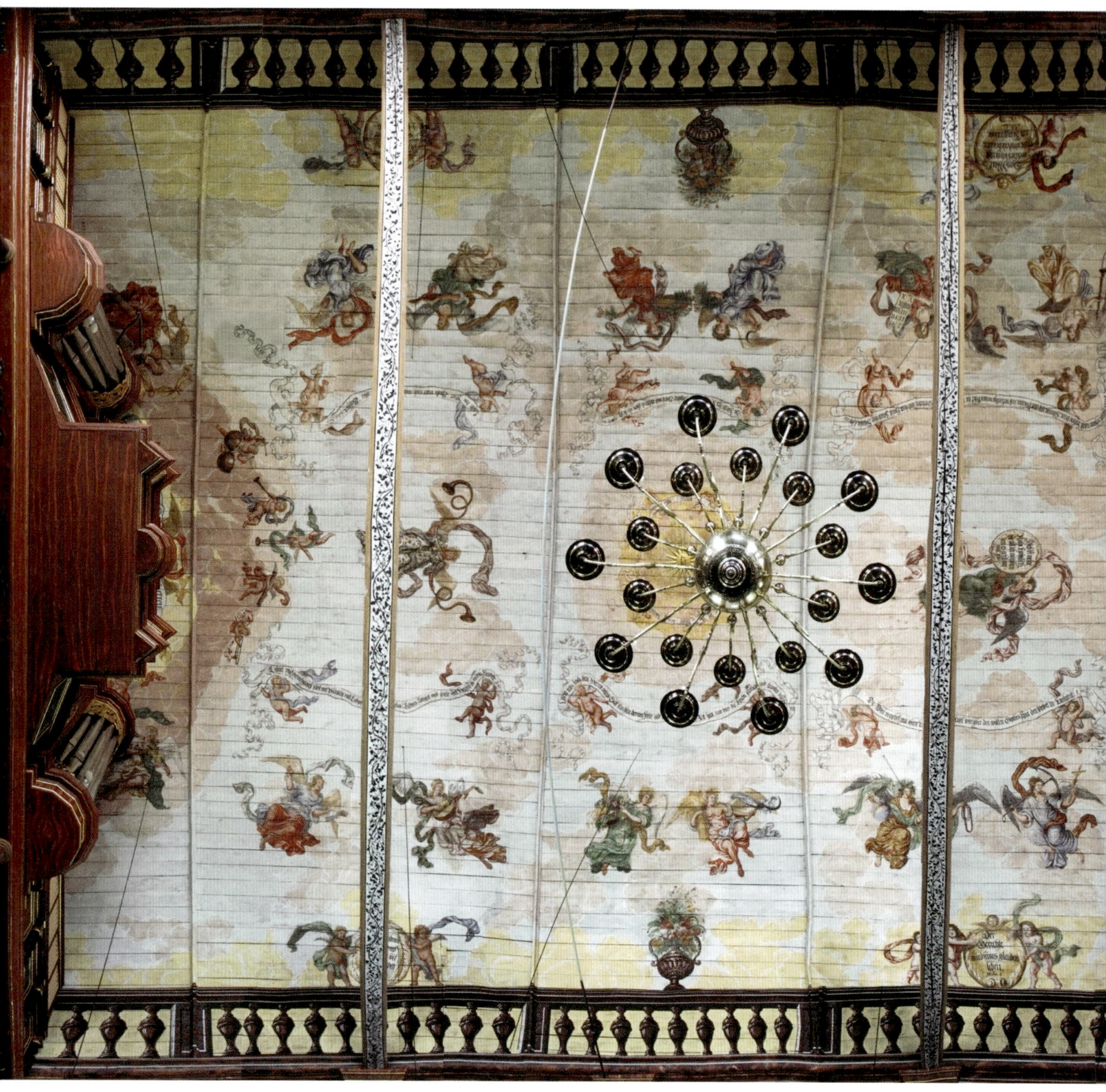

schafter aus Kanaan (Num 13, 25–33) mit der sogenannten »Kalebstraube«. Das Schnitzwerk der Orgel ist für ländliche Verhältnisse recht aufwändig ausgeführt und stammt wahrscheinlich ebenso wie der Kanzelaltar aus der Werkstatt von Christian Precht. An der fast gleichzeitig errichteten Schnitger-Orgel in Steinkirchen sind dagegen die Schleierbretter nur aus gesägten Brettern gefertigt und illusionistisch bemalt.

△ Deckengemälde von H. Berichau und H. Chr. Wördenhoff

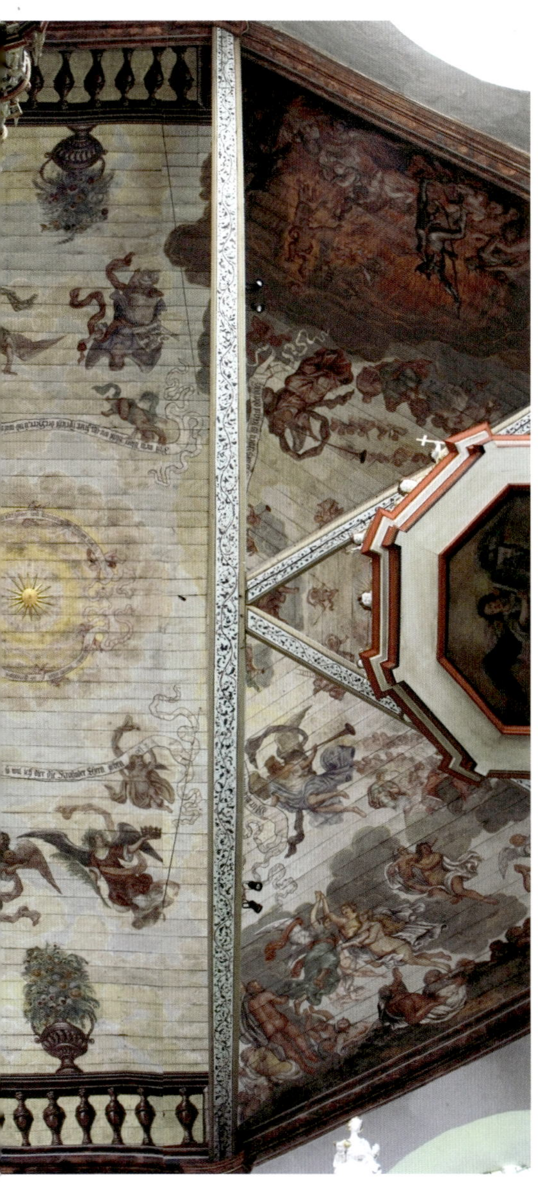

Die gesamte Kirche zeigt sich heute in ihrer Farbgebung nicht mehr ganz originalgetreu. Am besten belegt sind die Veränderungen am Orgelgehäuse. Das Gehäuse besteht, wie bei Arp Schnitger üblich, auf der Vorderseite aus Eichenholz und auf der Rückseite aus Nadelholz. Das Eichenholz auf der Schauseite wurde aus optischen Gründen ausgewählt und dementsprechend holzsichtig belassen, wahrscheinlich schon von Anfang an mit einer dunklen Lasur versehen. Um die Wende zum 19. Jahrhundert wurde es allgemein üblich die Orgeln farbig zu fassen. Dies geschah auch in Neuenfelde mit der seit 2017 wieder sichtbaren rotbraunen Fassung, die den optischen Gesamteindruck nicht wesentlich veränderte. Sie wurde wahrscheinlich 1823 aufgetragen. Eine weitere Farbfassung ohne jedes historische Vorbild erhielt die Orgel 1956 durch den Kirchenmaler Fred Ther. Die stark kontrastierende rote und grüne Marmorierung veränderte das Erscheinungsbild der Orgel wesentlich. Bei der jüngsten Restaurierung wurde diese Farbfassung wieder entfernt. Die Freilegung der ursprünglichen Holzsichtigkeit war jedoch nicht möglich, so dass sich die Orgel jetzt wieder in der rotbraunen ersten Farbfassung zeigt. Ähnliche Veränderungen sind auch für den Kanzelaltar zu vermuten. Die aktuelle Farbfassung stammt ebenfalls von Fred Ther. Die darunter liegenden Fassungen konnten noch nicht untersucht werden. Das Gewölbe wurde 1914/15 unter Beibehaltung der Motive übermalt.[4] Die Konturen wurden dabei kräftig nachgezogen und Kontraste verstärkt. Der Unterschied lässt sich an einigen unveränderten Bereichen hinter Orgel beobachten. Insgesamt war die ursprüngliche Gestaltung der gesamten Kirche wahrscheinlich farblich zurückhaltender und feiner im Detail.

Die Konstruktion der Orgel steht in der Tradition der norddeutschen Barockorgeln, begründet von der Hamburger Orgelbauerfamilie Scherer. Der typische Prospektaufbau zeigt außen die beiden Pedaltürme mit jeweils sieben Pfeifen des Principal 16' ab F (die Pfeifen C, D und E stehen gedeckt im Inneren). Dazwischen sind übereinander angeordnet unten das Rückpositiv und oben das Oberwerk (heute oft als Hauptwerk bezeichnet). Pedaltürme und Rückpositiv stehen auf einer gemeinsamen Grundlinie. Die Pedaltürme kragen mit ihren polygonalen

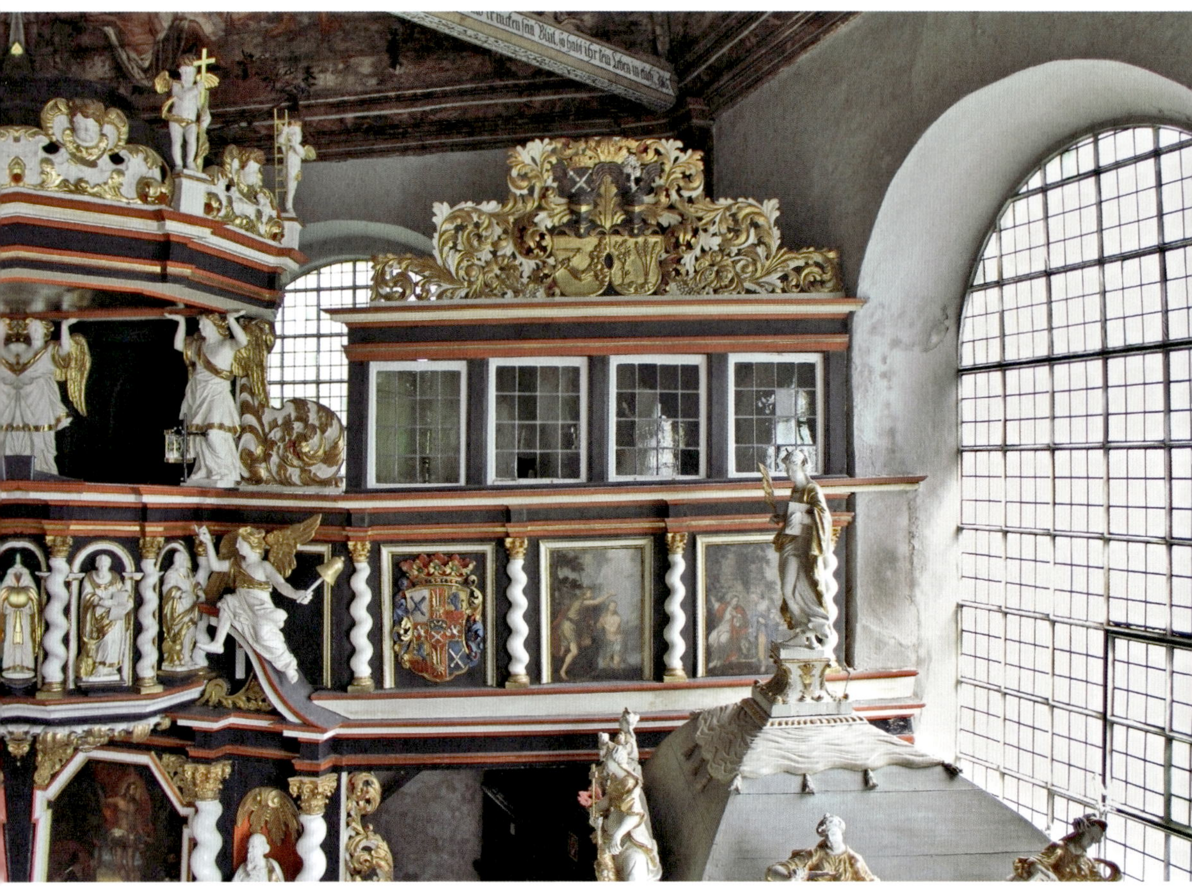

Gesimsen etwa 70 cm aus der Empore heraus. Das Rückpositiv kragt mit mehr als seiner Gehäusetiefe heraus, um dahinter großzügig Raum zu bieten für den Organisten und weitere Musiker. Die weite Auskragung führte Anfang des 19. Jahrhunderts zu statischen Problemen, die 1823 durch Johann Georg Wilhelm mit schräg stehenden Stützbalken unter dem Rückpositiv behoben wurden. Diese Stützen konnten bei der jüngsten Restaurierung entfernt und durch eine unsichtbare Ertüchtigung im Innern der Empore ersetzt werden. Rückpositiv und Oberwerk zeigen im Prinzip denselben Aufbau: in der Mitte ein Polygonalturm für die jeweils sieben größten Pfeifen in Basslage, die folgenden 14 Pfeifen in Tenorlage stehen in je zwei Spitztürmen außen, die Diskantpfeifen stehen in Flachfeldern dazwischen. In den Flachfeldern stehen weitaus mehr Pfeifen, als für die jeweiligen Register in hoher Lage benötigt werden, daher ist ein Teil dieser Flachfelder stumm. Im Rückpositiv sind nur die oberen Flachfelder klingend, im Oberwerk sind es dagegen die unteren. Weiterhin ist das Oberwerk durch je zwei stumme Flachfelder mit den Pedaltürmen verbunden, so dass dort zwei klingenden Flachfeldern sechs stumme gegenüber-

△ Kirchenstuhl der Familie Schnitger

stehen. Insgesamt hat die Orgel 103 klingende und 102 stumme Prospektpfeifen. Alle Prospektpfeifen sind aus einer Legierung mit recht hohem Bleianteil gefertigt und waren aus optischen Gründen von Beginn an mit einer dünnen Zinnfolie belegt.

Im Gesamtwerk Arp Schnitgers gehört die Neuenfelder Orgel zu den mittelgroßen Instrumenten. Sie ist mit 34 Registern seine größte erhaltene zweimanualige Orgel.[5] Als weitere Besonderheit ist zu erwähnen, dass Schnitger hier eine vollständig neue Orgel baute ohne die sonst bei ihm übliche Übernahme von brauchbaren Teilen der vorhandenen Orgel. Der Grund dafür könnte sein, dass das noch verhältnismäßig neue Instrument von Hans Christoph Fritzsche als Ganzes verkauft werden konnte. Diese Orgel wurde zunächst in der Stader Burgkirche aufgestellt und später noch einmal nach Bremen verkauft wo sich ihre Spuren verlieren. Es hat also wahrscheinlich keinen künstlerischen, sondern einen wirtschaftlichen Hintergrund, dass Arp Schnitger ein vollständig neu konzipiertes Instrument baute.

Am 9. und 10. Dezember 1682, genau eine Woche nach dem Einweihungsgottesdienst der neuen Kirche, nahm Schnitger zusammen mit dem Zimmermeister die Maße der Orgelempore auf. Der Vertrag zum Bau der neuen Orgel wurde am 17.2.1683 geschlossen.[6] Die ersten Gehäuseteile wurden im September 1684 angeliefert. Die weiteren Arbeiten zogen sich aber noch über Jahre hin, was sicherlich nicht an der Größe des Instruments lag, sondern entweder an der hohen Auslastung der Schnitgerschen Werkstatt (er baute gleichzeitig die damals vermutlich größte Orgel der Welt für die Hamburger Hauptkirche St. Nikolai und weitere kleine Instrumente) oder an weiteren Bauarbeiten in der Neuenfelder Kirche und an der damit verbundenen finanziellen Belastung der Gemeinde. Erst ab Mitte 1687 ist die häufigere Anwesenheit der Orgelbauer im Kirchenrechnungsbuch dokumentiert. Im Sommer 1688 scheint die Orgel fertig gestellt worden zu sein. Die Inschrift am Spieltisch »ANNO. GOTT ALLEIN DIE EHRE. 1691« bezieht sich wahrscheinlich auf das Datum der letzten schmückenden Maßnahmen wie holzsichtige Lasur und sparsame Vergoldung einiger Konturen.

Eine erste geringfügige Veränderung erfuhr die Orgel 1750 durch Jakob Albrecht aus Lahmstedt. Er entfernte aus dem Rückpositiv das aus seiner Sicht altmodische Register Trechterregal 8′ (»welche(s) wenig Nutzen schaffet«[7]) und setzte hier das Krummhorn 8′ aus dem Oberwerk ein. Den nun freien

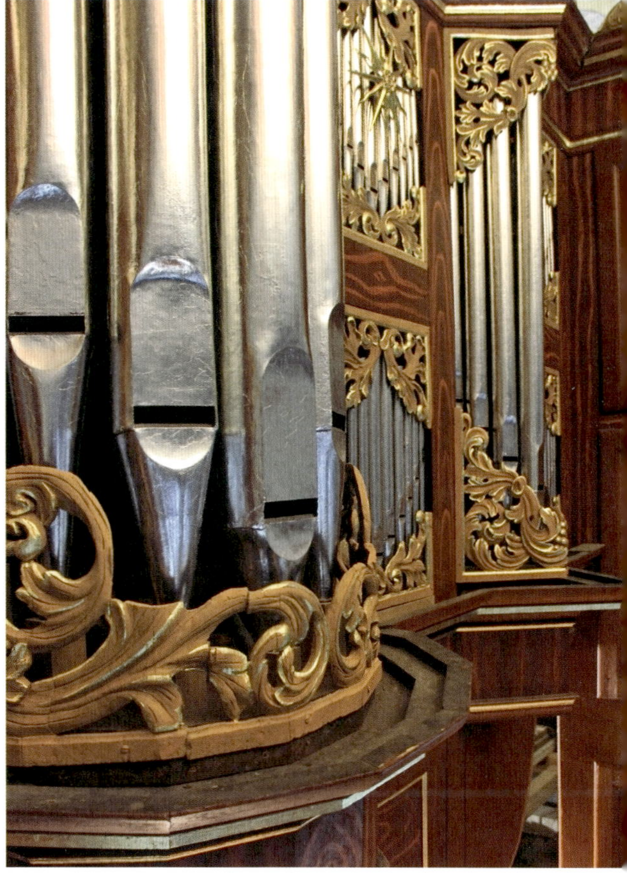

△ Prospektpfeifen des Oberwerks

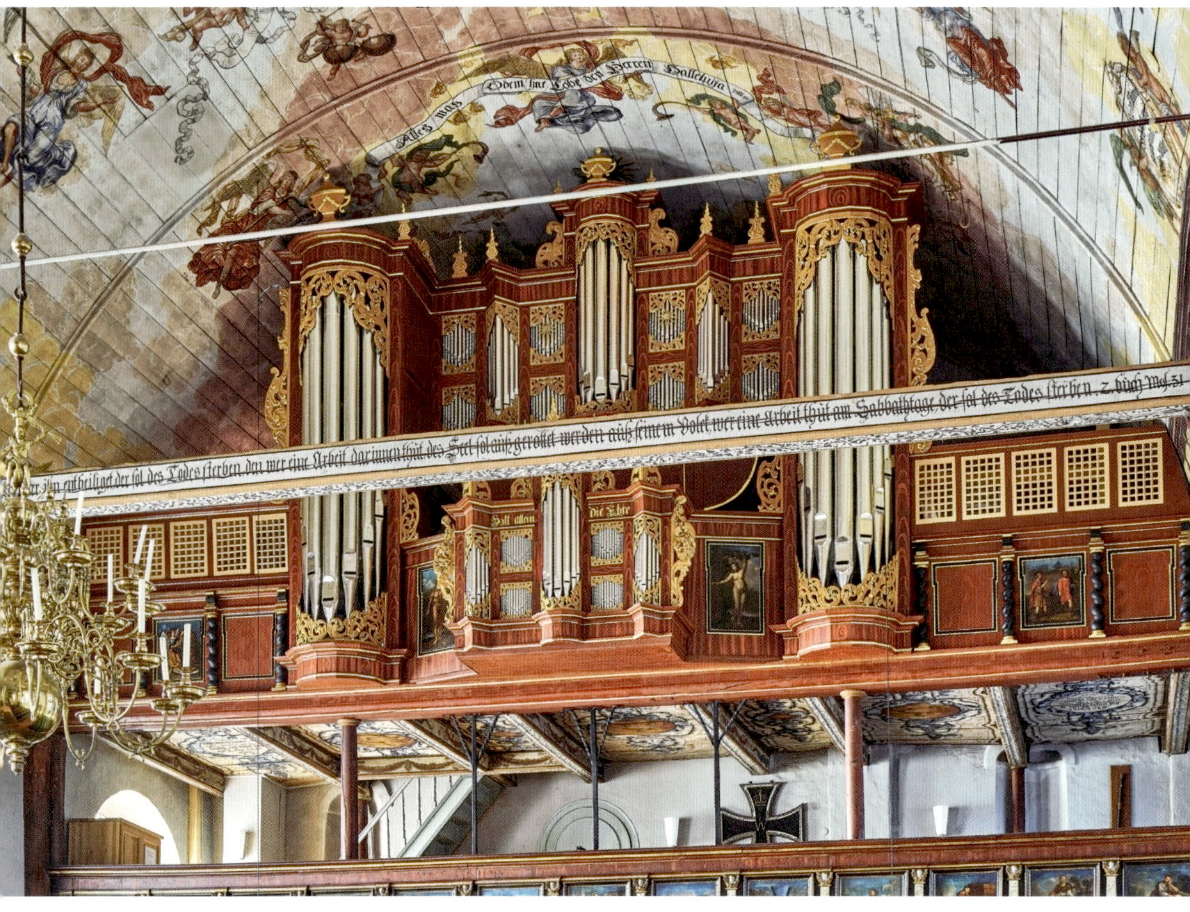


Platz des Krummhorns besetzte er mit einer neuen Vox humana 8'. Außerdem wurde er mit der Neuverzinnung der Prospektpfeifen und weiteren Reparaturen beauftragt. Jakob Albrecht erhielt für diese Arbeiten 700 Mark und gewährte sechs Jahre Garantie. Der Garantieverpflichtung scheint er jedoch nicht nachgekommen zu sein. Am 1755 wandte sich die Gemeinde in einem Rechtshilfeersuchen an das Konsistorium in Stade, nachdem die Bemühungen eines Rechtsanwaltes bereits ergebnislos verlaufen waren.

Weitere Reparaturen sind für 1773 durch den Hamburger Orgelbauer Paul Geycke belegt. Danach übernahmen sein ehemaliger Geselle Georg Wilhelm Wilhelmy und dessen Sohn Johann Georg Wilhelm die Orgelpflege, die mindestens bis 1809 in relativ kurzen Abständen regelmäßig durchgeführt wurde. Johann Georg Wilhelm führte 1823 auch eine größere Reparatur aus. Dabei wurde das Rückpositiv durch die bereits erwähnten Pfeiler abgestützt, die Prospektpfeifen neu foliiert und das Gehäuse mit der heute wieder sichtbaren rotbraunen Fassung, einer Art Mahagoni-Imitation, bemalt. In einem der neu belederten Bälge hinterlegte man eine Urkunde, die nicht nur die ausgeführten Arbeiten beschreibt, sondern auch im Stil einer Grundsteinrolle über die Lebensumstän-

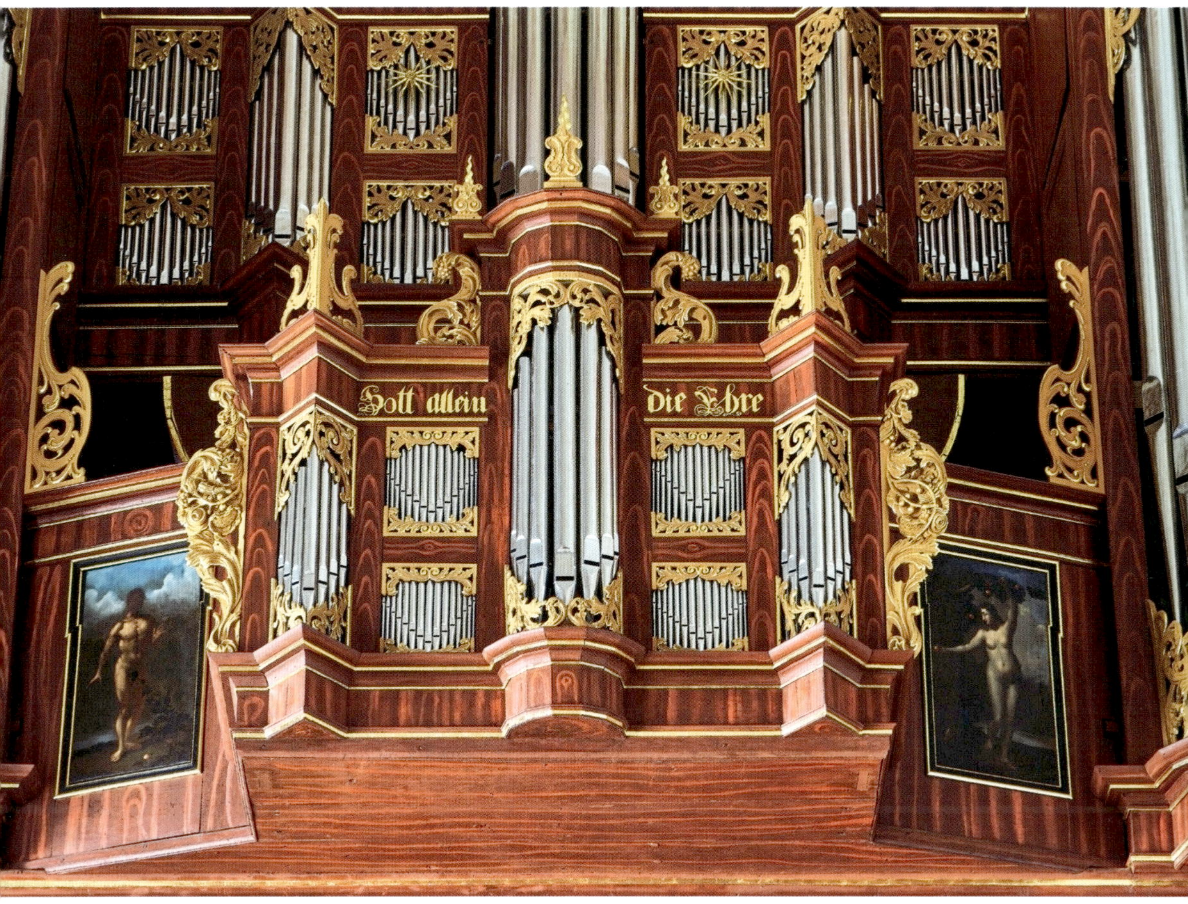


de der damaligen Zeit informiert. Außerdem erinnert eine Inschrift am nördlichen Pedalturm an diese Reparatur.

Wie viele andere Barockorgeln wurde auch die Neuenfelder Schnitger-Orgel im 19. Jahrhundert dem veränderten musikalischen Zeitgeschmack angepasst. Johann Hinrich Röver nahm 1867 einen tiefgreifenden Umbau vor, indem er das Rückpositiv stilllegte und stattdessen ein Hinterwerk mit neuer Windlade aufstellte, in dem einige Schnitger-Register wiederverwendet wurden.[8] In ähnlicher Weise baute Röver 1870 auch die Hueß-Schnitger-Orgel von St. Cosmae in Stade um. In Neuenfelde wäre es 1886 beinahe zu einem weiteren noch radikaleren Eingriff durch Rövers Sohn Heinrich gekommen. Aus finanziellen Gründen beschränkte sich die Gemeinde aber auf die notwendigsten Reparaturen. Der Zustand der Orgel wurde zunehmend schlechter und 1911 bescheinigten zwei Gutachten die Unspielbarkeit der Orgel. Ein geplanter Neubau im alten Gehäuse scheiterte erneut an Geldmangel.

Der Anstoß zur Wiederherstellung der Neuenfelder Orgel kam von unerwarteter Seite. Um 1920 wurde der Schriftsteller und Orgelreformer Hans Henny Jahnn auf die große Schnitger-Orgel der Hauptkirche St. Jakobi aufmerksam. Zusammen mit seinem

Freund Gottlieb Harms setzte er sich mit großem Eifer für die Rettung dieser Orgel ein, die in ähnlich schlechtem Zustand war wie die Neuenfelder Orgel und für die ebenfalls ein Neubau zur Disposition stand. Jahnn und Harms mussten zunächst gewaltige Überzeugungsarbeit leisten. Jahnn berichtete später darüber in den von Walter Muschg aufgezeichneten »Gesprächen«: »Wir verfaßten augenblicklich ein Pamphlet zuhanden des Kirchenrats, alarmierten den Senat, es regnete Zeitungsartikel.«[9] Man betrat mit diesem gewaltigen Projekt zumindest in Norddeutschland absolutes Neuland[10] und stand nicht zuletzt vor dem praktischen Problem, eine Orgelbaufirma für diese Arbeit zu begeistern. »Zunächst stellte sich heraus, dass kein Orgelbauer für diese Unternehmung zu haben war. Alle hielten sie für interesselos, belanglos oder verrückt. Ich mußte selber eine Firma ausfindig machen und für diese Aufgabe heranbilden. Durch Zufall traf ich auf Herrn Kemper von der Firma Kemper & Sohn, den ich bald darauf nicht mehr sehen konnte, ohne Tobsuchtsanfälle zu kriegen. Kemper besaß nichts, keine Werkstätte und kein Werkzeug, aber er schien mir sympatisch.«[11] Zusammen mit Kemper widmete sich Jahnn in den Jahren 1925/26 auch zwei kleineren überschaubareren Restaurierungsprojekten. Dies waren die Klappmeyer-Orgel in Altenbruch und eben die Schnitger-Orgel in Neuenfelde. Die Aufgaben waren recht unterschiedlich: während man sich an der wenig veränderten Orgel in Altenbruch mehr oder weniger auf Reparaturarbeiten beschränken konnte, musste in Neuenfelde der tiefgreifende Umbau Rövers rückgängig gemacht werden. Zu den geringen praktischen Erfahrungen kam der äußerst eng gesteckte finanzielle Rahmen erschwerend hinzu. Dieser Rekonstruktionsversuch muss als Pioniertat gewertet werden ohne den es die Rettung der Neuenfelder Orgel nicht gegeben hätte. Kemper und Jahnn machten das Rückpositiv auf der seinerzeit ungenutzten originalen Windlade wieder spielbar und strebten die Wiederherstellung der originalen Disposition an. Für fehlende Register stellte Kemper historische Pfeifen aus andernorts abgebrochenen Instrumenten zur Verfügung. Aus finanziellen Gründen blieben aber noch einige Register zunächst vakant. Jahnn vertrat den Grundsatz, an allen originalen Teilen keine Veränderungen, Verbesserungen oder Modernisierungen zuzulassen, »es sollte eine reine historische Wiederherstellung werden, und sie wurde auch mit wenigen Abweichungen durchgeführt. Ich bin in der Folge diesem Prinzip treu geblieben«[12] Er forderte eine streng denkmalpflegerische Arbeitsweise, der Kemper teilweise nur widerwillig folgte und manche Details der handwerklichen Ausführung muten aus heutiger Sicht etwas dilettantisch an. Alles in allem war dieser erste Bauabschnitt aber ein hoffnungsvoller Ansatz, dem 1938 der zweite folgte. Es mussten noch folgende Register ergänzt werden:

- im Oberwerk: Mixtur, Cimbel, Vox humana 8'
- im Rückpositiv: Quintadena 8', Terzian, Scharff, Krummhorn 8'
- im Pedal: Mixtur, Posaune 16', Trompete 8', Cornett 2'

Inzwischen hatte die deutsche Orgelbewegung deutlich an Fahrt aufgenommen und ihre Eigendynamik entwickelt. Vom Grundsatz der »reinen historischen Wiederherstellung« hatte man sich wieder ein gutes Stück entfernt. Helle leuchtende Mixturen und schnarrende Zungenstimmen wurden pauschal zum Klangideal aller Barockorgeln erklärt, ungeachtet einer zeitlichen und regionalen Differenzierung. Auf die Gestaltung der Mixturen nahm der Organologe Christhard Mahrenholz noch während der laufenden Arbeiten erheblichen Einfluss. Nach Abschluss der Arbeiten wurden die neu hinzugefügten Zungenstimmen vom Orgelsachverständigen Alfred Hoppe besser beurteilt, als die teilweise noch original vorhandene Trompete 8' von Schnitger: »Die Zungen sind so ausgefallen, dass die von Kemper wiederhergestellte 8' Trompete im Hauptwerk ih-

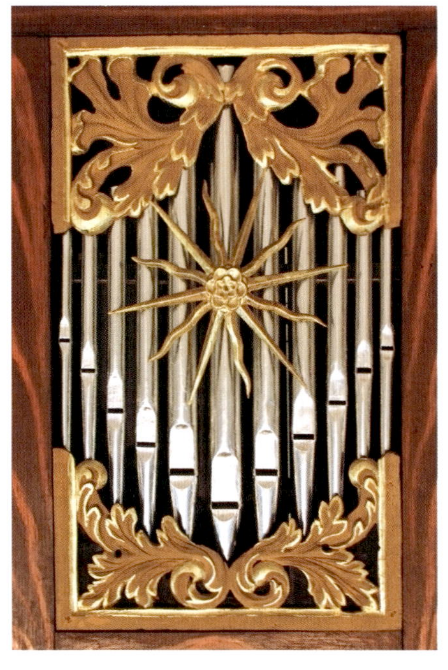

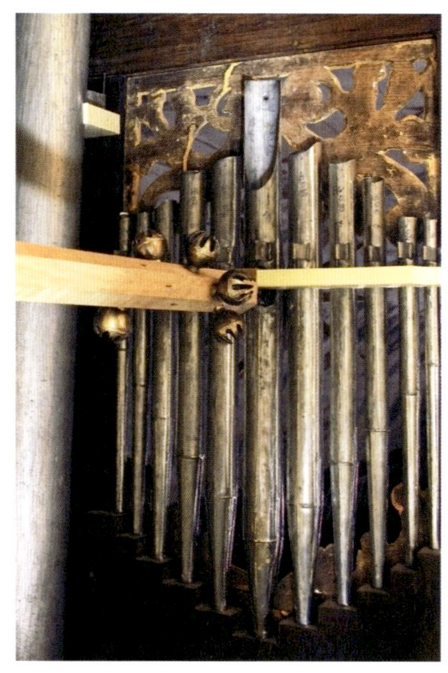

nen nicht ebenbürtig zur Seite gestellt werden kann. Hier könnten neue Kupferbecher der Stimme aufhelfen.«[13] Glücklicherweise folgte man diesem Vorschlag nicht, die originalen Trompetenbecher sind heute noch vorhanden.

Im zweiten Weltkrieg detonierte südlich der Kirche eine große Bombe, durch die das Kirchendach und die Fenster an der Süd- und Ostseite stark beschädigt wurden. Über mehrere Jahre konnten die entstandenen Schäden nur notdürftig mit Brettern und Pappe repariert werden und die Orgel war erheblichen Witterungseinflüssen ausgesetzt. Ein geplanter Ausbau der Orgel konnte wegen mangelnder Unterbringungsmöglichkeit nicht realisiert werden.

Zwischen 1946 und 1948 protokollierte Rudolf von Beckerath im Auftrag des Landeskirchenamtes die Mensuren und den Zustand der Orgel. Zu den bis 1938 erfolgten Wiederherstellungsmaßnahmen merkte er an: »Insbesondere ist bedauerlich, dass bei so umfangreichen Arbeiten die Mechanik alt blieb. Sie ist plump, klappert und befindet sich in einem jämmerlichen Zustand. [...] Neubau einer richtig konstruierten Mechanik, insbesondere des Pedals könnte die Orgel heulerfrei leicht wie ein Cembalo gehen lassen.«[14] Später machte er zwar den Vorschlag »aus denkmalpflegerischen Erwägungen heraus [...] die Pedalklaviatur unverändert zu lassen, wie überhaupt am Funktionsprinzip der Spielmechanik nichts geändert werden soll«[15], letztlich führte er dann aber 1950 doch wesentliche Veränderungen am Spieltisch durch. Zugunsten einer vermeintlich bequemeren Sitzposition des Organisten wurde die Pedalklaviatur in das Gehäuse hinein verschoben, was eine komplette Neukonstruktion der Spieltraktur für Rückpositiv

△ Zimbelstern (Prospektseite)

△ Zimbelstern mit Krallenglöckchen (Innenseite)

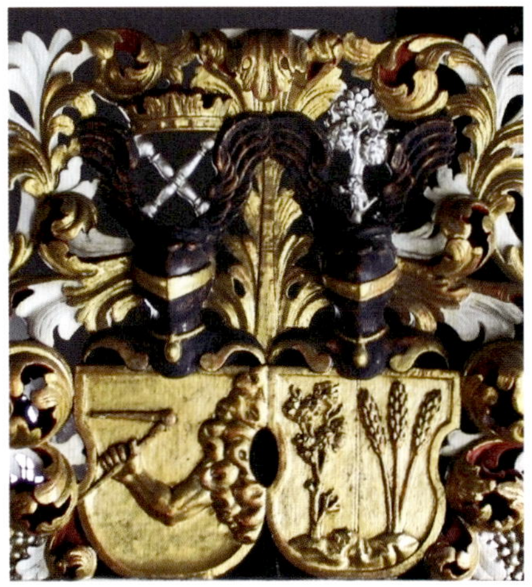

und Pedal zur Folge hatte. Dadurch wurde in großem Umfang historisches Material zerstört.

Ein strittiges und für den Klang besonders folgenreiches Thema durchzieht die gesamte Geschichte der Orgelbewegung: die Festlegung des Winddrucks. Von Beginn an führten manche Missverständnisse bei Beobachtungen an alten Pfeifen zur Theorie von einem allgemein sehr niedrigen Winddruck bei Barockorgeln. In Neuenfelde scheint der Winddruck nach den ersten Wiederherstellungsmaßnahmen von Kemper und Ott zunächst noch relativ hoch gewesen zu sein, laut Protokoll von Beckerath 70 mm WS. Obwohl Alfred Hoppe schon 1938 beteiligt gewesen war, zweifelte er ab 1953 die Richtigkeit des Winddrucks an und empfahl die Herabsetzung auf 60 mm WS. Dieser schwerwiegende Eingriff wurde 1955/56 von der Werkstatt Paul Ott durchgeführt. Hoppe schrieb dazu im Abnahmegutachten: »Der Winddruck wurde wieder herabgesetzt ... Entsprechend der Winddrucksenkung mussten umfangreiche Lötarbeiten an den Aufschnitten der Pfeifen durchgeführt werden.«[16] Die daraus resultierende weiche und schwache Intonation entsprach den Vorstellungen der 1950er Jahre, der Klang wurde seiner Fülle und Farbigkeit beraubt. In ähnlicher Weise wurden auch viele andere Barockorgeln in der Nachkriegszeit neu interpretiert. So erging es auch der oben erwähnten Klappmeyer-Orgel in Altenbruch, die 1925 von Kemper und Jahnn so behutsam restauriert worden war. Auch hier führte die Werkstatt Paul Ott unter Fachberatung von Alfred Hoppe in den Jahren 1956 bis 1958 ähnliche Maßnahmen durch wie in Neuenfelde. Über das Ergebnis waren viele Kenner der Orgel bestürzt. Schon wenige Jahre später wurde über eine Revision nachgedacht, die Rudolf von Beckerath 1967 ausführte. Man war sehr zufrieden mit dem »überraschend guten Resultat dieser schwierigen und verantwortungsvollen Arbeit des Restaurators«[17]. Im Anschluss daran gründete der Orgelsachverständige Helmut Winter 1968 den Internationalen Arbeitskreis für Orgelfragen (Altenbrucher Kreis), in dem Regularien für die Restaurierung historischer Orgeln erarbeitet wurden. Die zunächst von manchen Organologen noch angezweifelten Erkenntnisse wurden nach und nach an anderen norddeutschen Barockorgeln verifiziert und sind heute allgemein anerkannt. Viele historische Orgeln der Region mussten mehrmals restauriert werden um gut gemeinte aber fehlerhafte Veränderungen der ersten Restaurierungsgeneration wieder rückgängig zu machen.

Da die Neuenfelder Orgel im Großen und Ganzen gut spielbar war, blieb der von den Orgelbauern Kemper, Beckerath und Ott geschaffene Zustand lange bestehen. Erst 2006 kamen erste Überlegungen zu einer Restaurierung nach aktuellen Maßstäben auf. 2008 wurde ein Sachverständigenausschuß[18] einberufen, der die Restaurierung vorbereitete und bis zu ihrem Abschluss begleitete. Die Arbeiten wurden 2015 bis 2017 von der Orgelwerkstatt Kristian Wegscheider (Dresden) ausgeführt. Die Freilegung der Farbfassung übernahm der Restaurator Dietrich Wellmer (Himbergen).

△ Wappen der Familien Schnitger und Otte am Kirchenstuhl

# ANMERKUNGEN

1 Dietrich Diederichs-Gottschalk: Mein Schall aufs Ewig weist. Oldenburg, 2017, S. 214 ff.

2 Insbesondere die Behauptung von Ingrid Weibezahn, Arp Schnitger hätte den Kanzelaltaraufsatz entworfen, ist reine Spekulation. Ingrid Weibezahn: »Niederländer« im Bremer Dom. In: Jahrbuch der Wittheit 1995/96, Bremen 1996, S. 108, Anm. 56

3 Hector Mithobius: Psalmodia Christiana, Jena 1665. Hierzu Christian Bunners: Orgelstreit in Otterndorf um 1660 und die Folgen für das Alte Land und die lutherische Orgelkultur. Jahrbuch des Altländer Archivs 2005, S. 20–44

4 Diederichs-Gottschalk, a.a.O., S. 144

5 Eine weitere zweimanualige Orgel mit 34 Registern war die nicht erhaltene Orgel in Estebrügge

6 Belegt durch Kirchenrechnungsbuch, Vertrag nicht erhalten

7 Reparaturvertrag vom 2.12.1749, Gemeindearchiv Neuenfelde, 134/2

8 Es handelt sich um Gedact 8', Quintadena 8' und Blockflöte 4'. Die Octave 2' wurde zum Principal 4' umgestellt, die Pfeifen der großen Oktave wurden ergänzt. Darüber hinaus ist auch die Quintflöte 3' teilweise original erhalten, obwohl sie nicht in Rövers Disposition genannt wird. Möglicherweise verblieb sie ungenutzt im Rückpositivgehäuse.

9 Walter Muschg: Gespräche mit Hans Henny Jahnn, Aachen ²1994, S. 139 f.

10 In Süddeutschland wurden bereits 1914 und 1921/23 die beiden Riepp-Orgeln in Ottobeuren (1766) von Albert Steinmeyer denkmalgerecht wiederhergestellt. Die Restaurierungen blieben aber ohne unmittelbare Nachfolge.

11 Walter Muschg, a.a.O., S. 140

12 Walter Muschg, a.a.O., S. 143

13 Bericht über die Abnahmeprüfung, 2.1.1939, Gemeindearchiv Neuenfelde, 548

14 Protokoll Rudolf von Beckerath, undatiert. https://orgeldatabas.gu.se/webgoart/facsim/Schnitger_2013/B_O_Neunefelde_06_h.jpg, zuletzt abgerufen am 3.7.2021

15 Bericht über den gegenwärtigen Zustand der Schnitger-Orgel in Neuenfelde, 20.4.1950, Gemeindearchiv Neuenfelde, 548

16 Abnahmegutachten vom 14.5.1956, Gemeindearchiv Neuenfelde, 548

17 Helmut Winter, zitiert nach Festschrift zur Wiedereinweihung der historischen Orgel zu Cuxhaven-Altenbruch, 2004, S. 43

18 Martin Böcker, Hilger Kespohl, Joachim Walter (†), Hans-Jürgen Wulf

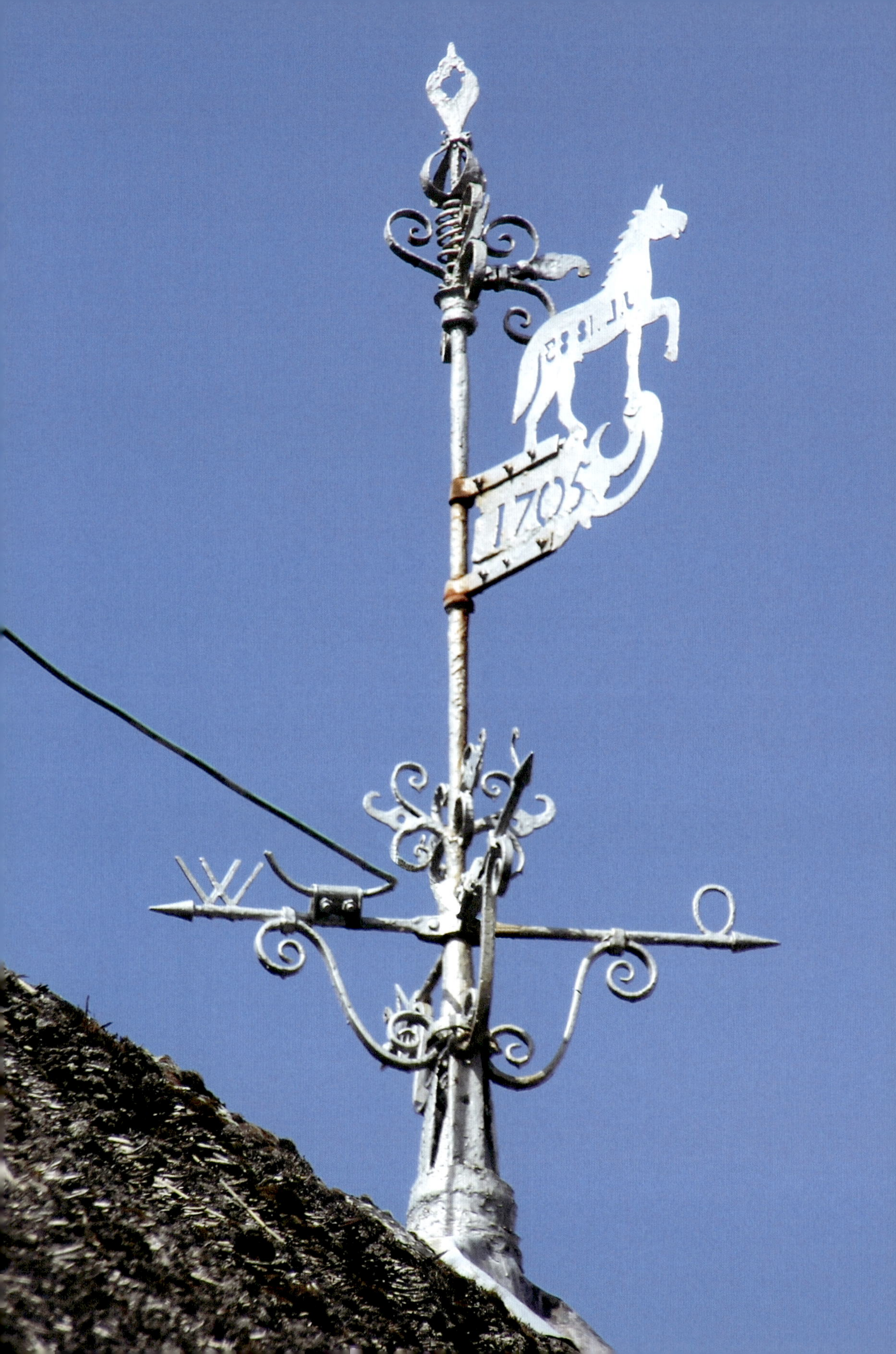
1705

Dorothea Schröder

# ARP SCHNITGER UND NEUENFELDE

Mit seinem letzten Wohn- und Werkstattort Neuenfelde stand Arp Schnitger bereits seit den frühen Jahren seiner Karriere in Verbindung. Schon vier Jahre vor dem Vertragsabschluss für den Orgelneubau wandte die Kirchengemeinde sich an ihn: Wie der Musikhistoriker Konrad Küster feststellen konnte, beschlossen die Juraten (Kirchgeschworenen) am 26. April 1679, einen namentlich nicht genannten Orgelbauer wegen einer »*Renovirung* der Orgell« von Jork nach Neuenfelde holen zu lassen.[1] Dabei kann es sich nur um Schnitger gehandelt haben, denn er war nachweislich in den Jahren 1678/79 mit Reparatur- bzw. Umbaumaßnahmen an der Jorker Orgel beschäftigt. Nachdem er sich 1677 in Stade als Orgelbaumeister selbständig gemacht hatte, gehörten die Arbeiten in Jork und Neuenfelde zu seinen ersten Aufträgen.

In Neuenfelde kam Schnitger 1679 noch in den kleinen mittelalterlichen Vorgängerbau der heutigen, 1682/83 erbauten Kirche. Sie besaß eine Orgel von Hans Christoph Fritzsche (Frietzsch, um 1625–1674), dem Sohn des einflussreichen, von Dresden nach Hamburg gezogenen Meisters Gottfried Fritzsche. Mit 14 Registern auf zwei Manualen und angehängtem Pedal, war das Neuenfelder Instrument wohl dem engen Innenraum der alten Kirche angemessen, wies aber Mängel in der Windversorgung auf. Ob eine 1674 geplante Erweiterung um ein Pedalwerk mit fünf Stimmen durch Hans Christoph Fritzsches Schwiegersohn und Nachfolger Hans Henrich Cahman realisiert wurde, ist ebenso unklar wie der Umfang von Schnitgers »Renovirung«.

Spätestens im Mai 1682 war Schnitger wieder in Neuenfelde, um die Fritzsche-Orgel vor dem Abbruch der alten Kirche abzubauen. Nachdem in nur sieben Monaten der Neubau von St. Pankratius errichtet worden war, stellte Schnitger sie als Übergangsinstrument wieder auf. Sie tat ihren Dienst bis zur Fertigstellung seiner eigenen Orgel im Jahr 1688. Danach wurde sie, mit zwei neuen Basstürmen und neuen Bälgen versehen, durch Schnitger in die Stader Burgkirche (Pankratiuskirche) transloziert und 1721 nach Bremen-Arbergen verkauft. Dort stand sie noch bis 1868, als man sie durch einen Neubau von Philipp Furtwängler ersetzte.

Am 3. Februar 1684 feierte Arp Schnitger Hochzeit mit der achtzehnjährigen Gertrud

◁ Wetterfahne vom Orgelbauerhof

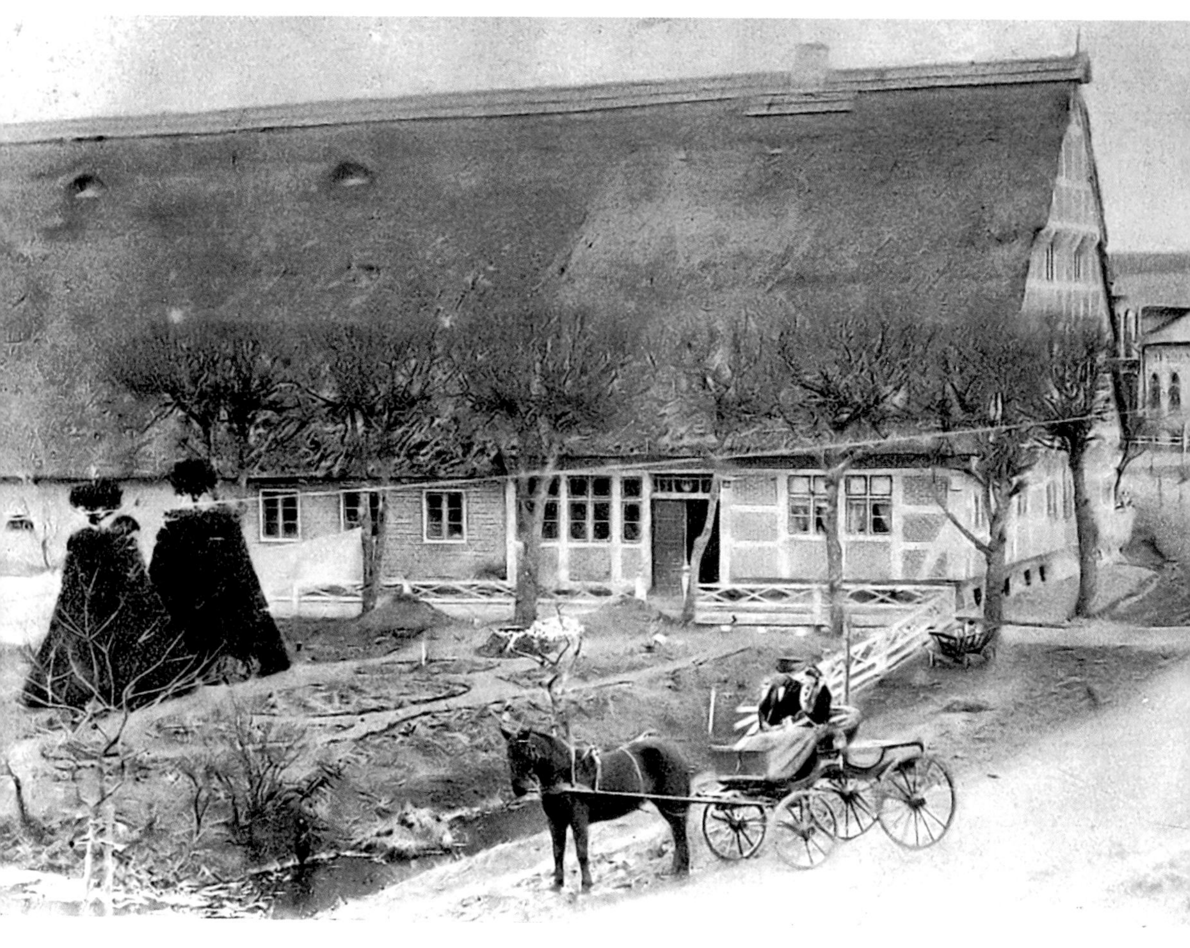

Otte (1665–1707) – einer Tochter des aus Neuenfelde stammenden Hamburger Kaufmanns Hans Otte. Offenbar ihretwegen hatte der Orgelbauer schon 1682 seine Verlobung mit einer Pastorennichte gelöst, was ihm zwar eine Klage vor dem Stader Consistorium einbrachte, angesichts seines Großauftrags für die damals wohl weltgrößte Orgel in der Hamburger Hauptkirche St. Nicolai (67 Register, 1682–1687) jedoch nicht wirklich schaden konnte. Dieses Projekt hatte ihn dazu veranlasst, seine Werkstatt 1682 nach Hamburg zu verlegen und dort das Bürgerrecht zu erwerben. Zudem verschaffte es ihm ein Renommee, das es ihm als Orgelbauer ermöglichte in eine wohlhabende Kaufmannsfamilie einzuheiraten.

Schnitgers Schwiegervater besaß nicht nur ein mit zwei stattlichen Häusern bebautes Grundstück an der Straße »Bei den Mühren« unweit der Hamburger Katharinenkirche, sondern auch einen Bauernhof in Vierzigstücken bei Neuenfelde – den ehemaligen Pfarrhof des Kirchspiels Nincop. Nach Hans Ottes Tod im Jahr 1683 gingen diese Immobilien an seine Witwe aus zweiter Ehe sowie seine fünf Kinder aus erster Ehe über, darunter seine Tochter

△ Der Orgelbauerhof vor dem Umbau (um 1890)

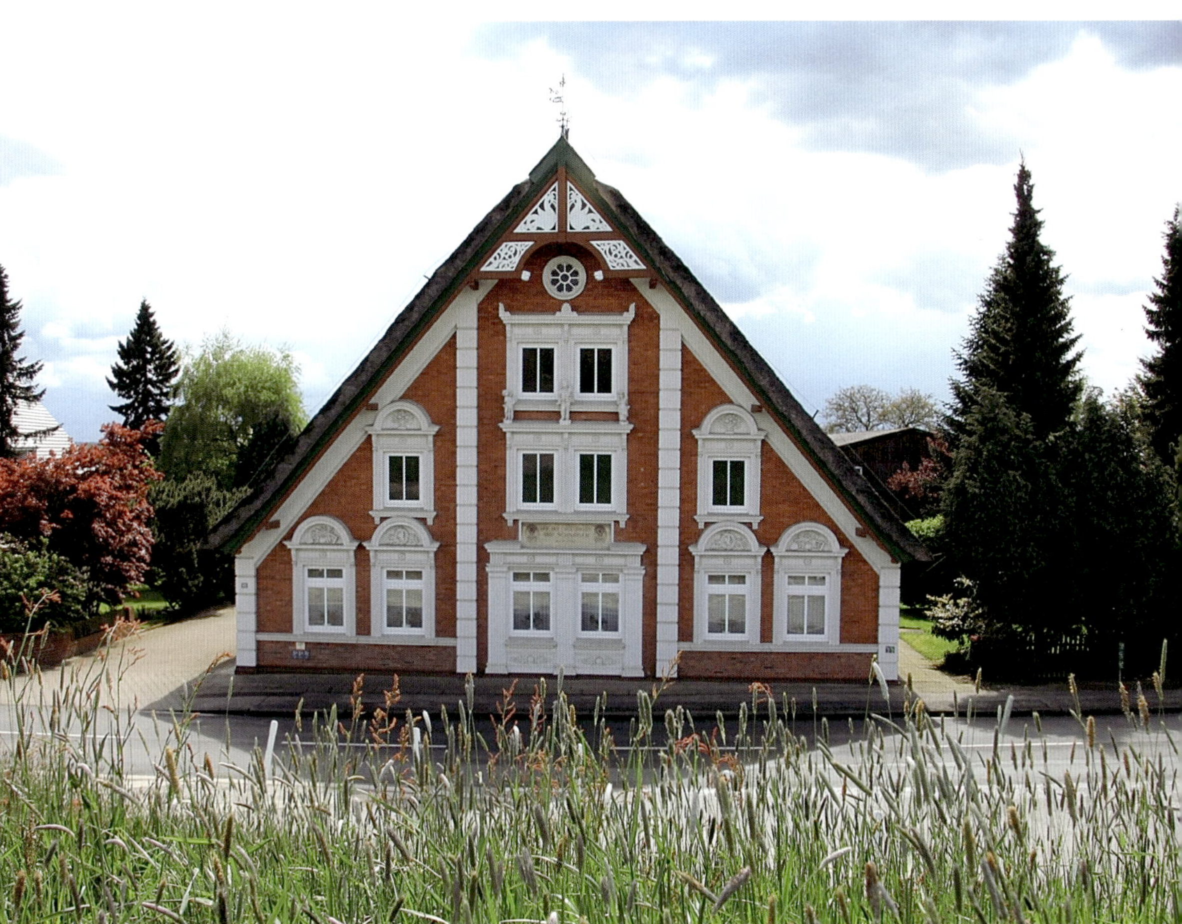

Gertrud. Die Witwe und ihre Tochter verzichteten auf ihren Erbanteil. Zehn Jahre später, als schon zwei ihrer Geschwister gestorben waren, erhielt Gertrud gegen eine Abfindung die Anteile der übrigen zwei. So kam ihr Ehemann Arp Schnitger nach Hamburger Recht in den Besitz des Hamburger Grundstücks und des Hofes, der später »Orgelbauerhof« genannt wurde. Um 1695 gehörten etwa 10 Hektar Land (davon ca. 1 Hektar Außendeichsland) zum Hof, und Schnitger war einer der größten Steuerzahler des Alten Landes.[2] Da er mit seiner Familie jedoch nach wie vor in Hamburg lebte, muss jemand den Hof in seinem Auftrag bewirtschaftet haben.

Wie der »Orgelbauerhof« bis kurz nach 1700 aussah, ist unbekannt. Geht man nach der Jahreszahl auf der Wetterfahne, wurde das ansehnliche Wohn-Stall-Haus 1705 erbaut. In diesem Jahr übersiedelte Familie Schnitger nach Vierzigstücken; Gertrud Schnitger wird 1705 erstmals als Taufpatin in der St. Pankratius-Kirche genannt. Die Werkstatt und das Holzlager dürften sich in längst verschwundenen Nebengebäuden des Hofes befunden haben, denn angesichts der Brandgefahr wird man die Arbeitsräume nicht un-

△ Der Orgelbauerhof heute

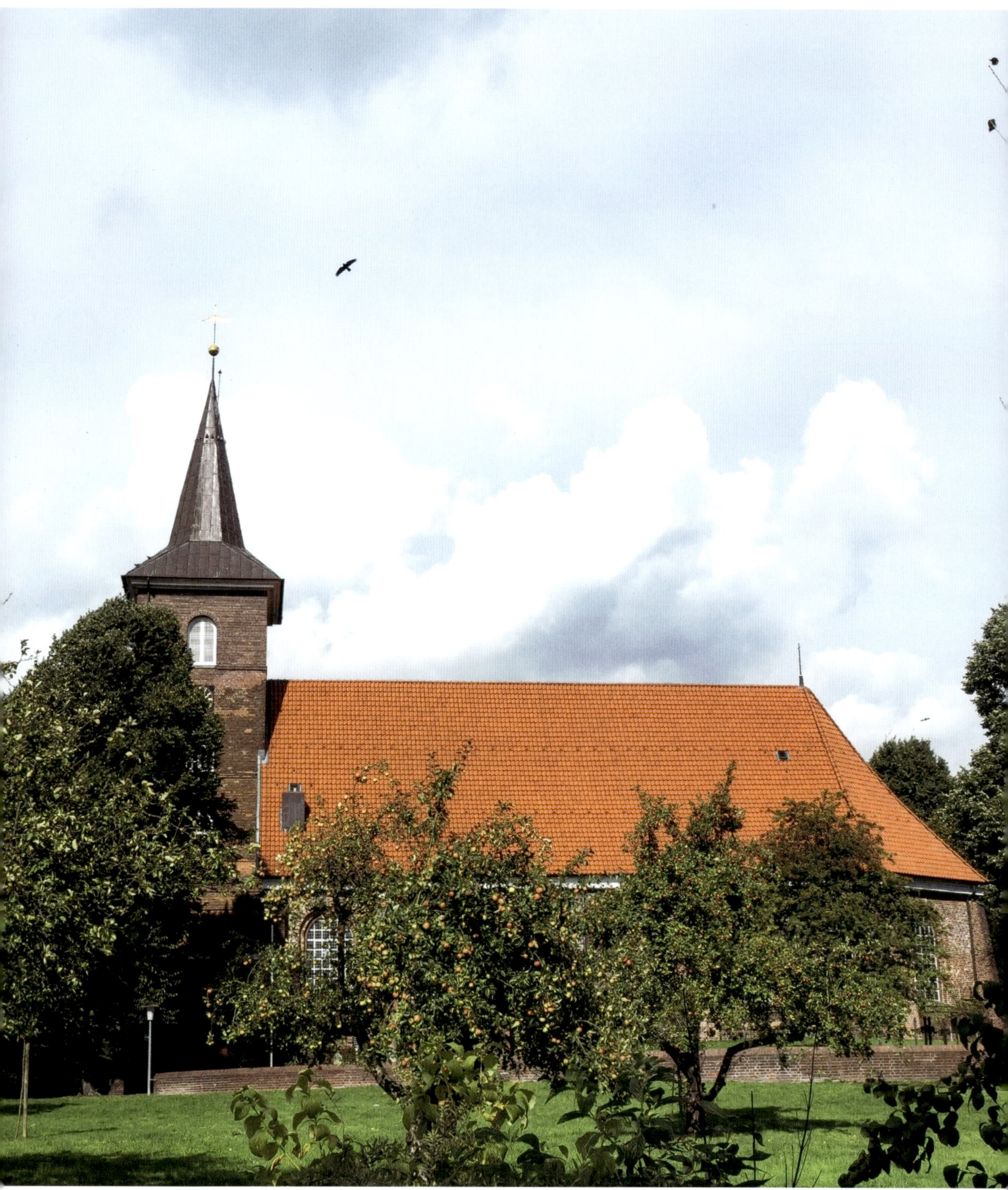

ter dem mächtigen Reetdach eingerichtet haben. In welchem Umfang die Landwirtschaft weitergeführt wurde, ist nicht dokumentiert.

Schnitgers Einsatz für die St. Pankratius-Kirche ging offenbar weit über den Bau und die Betreuung der Orgel hinaus. So begleitete er als eine Art Kunstsachverständiger im Jahr 1688 Probst Johann Heinrich von Finckh auf zwei kurzen Reisen nach Stade und Harburg, um dort Anregungen für die Ausstattung der Neuenfelder Kirche zu suchen, und war möglicherweise auch an der Konzeption des neuartigen Kanzelaltars beteiligt. Als Ausgleich überfälliger Zahlungen für die Orgel, erhielt er 1693 die Genehmigung, in der Kirche neben dem Altar einen Kirchenstuhl für seine Familie zu errichten; die künstlerische Gestaltung wurde ihm überlassen. Außerdem übereignete man Arp Schnitger die ehemalige Begräbnisstelle der Familie Fölster, die sich wahrscheinlich auf dem Friedhof befand. Diese Grablege nutzte er später jedoch nicht, sondern erwarb 1707 ein Erbbegräbnis (Gruft) »zu Norden im Frauengange« innerhalb der Kirche.[3] Dort wurde er am 28. Juli 1719 beigesetzt.

Im Laufe der Zeit ging Schnitgers Grabplatte verloren. Seine Familiengruft wurde erst 1971 wiederentdeckt, als im Zuge des Einbaus einer Fußbodenheizung eine archäologische Grabung im Inneren der Kirche stattfand. In der gemauerten Gruft fand man die geringen sterblichen Überreste von drei Personen. Zwei von ihnen waren Frauen, vermutlich die 1707 verstorbene Gertrud Schnitger und die Tochter Catharina (verh. Stephani, gest. 1736). Ein neben ihnen bestatteter Mann, der die für das frühe 18. Jahrhundert beachtliche Körpergröße von etwa 1,80 m aufwies, ist mit größter Wahrscheinlichkeit als Arp Schnitger zu identifizieren. Alle Skelettreste verblieben in der Gruft, die nach dem Abschluss der Grabung mit Sand verfüllt und wieder verschlossen wurde. In den neuen Fußboden wurde eine Gedenktafel eingelassen. Sie liegt allerdings nicht genau über der Gruft, sondern etwas weiter westlich.

Der Hof in Vierzigstücken blieb noch bis 1733 in Familienbesitz, dann wurde er an den Wachsbleicher und »Commissair« Georg Boysen aus Harburg verkauft. Im Jahr 1876 ging er an die Familie Lindemann über, die 1898 die Fachwerkfassade im gründerzeitlichen Stil erneuern ließ. Seit 1952 erinnert auch am »Orgelbauerhof« eine Gedenktafel an den berühmtesten Bewohner des Hauses.

## ANMERKUNGEN

1 Wir danken Prof. Dr. Konrad Küster für den freundlichen Hinweis auf das betreffende Dokument (NKA Kiel, Bestand Hamburg-Neuenfelde Nr. 162).

2 Nachweis: Niedersächsisches Landesarchiv Stade, »Schatzsachen, besonders Rectification der Contribution im Alten Lande 1691–96«, 2 Bde., Sign. Rep. 5b Nr. 2386 und 2387, hier: Nr. 2387, fol. 201 und 234.

3 Claus Ahrens: Archäologische Untersuchungen in der Kirche zu Hamburg-Neuenfelde und die Identifizierung der Grabstätte Arp Schnitgers. in: Zeitschrift des Vereins für Hamburgische Geschichte Bd. 59 (1973) S. 96.

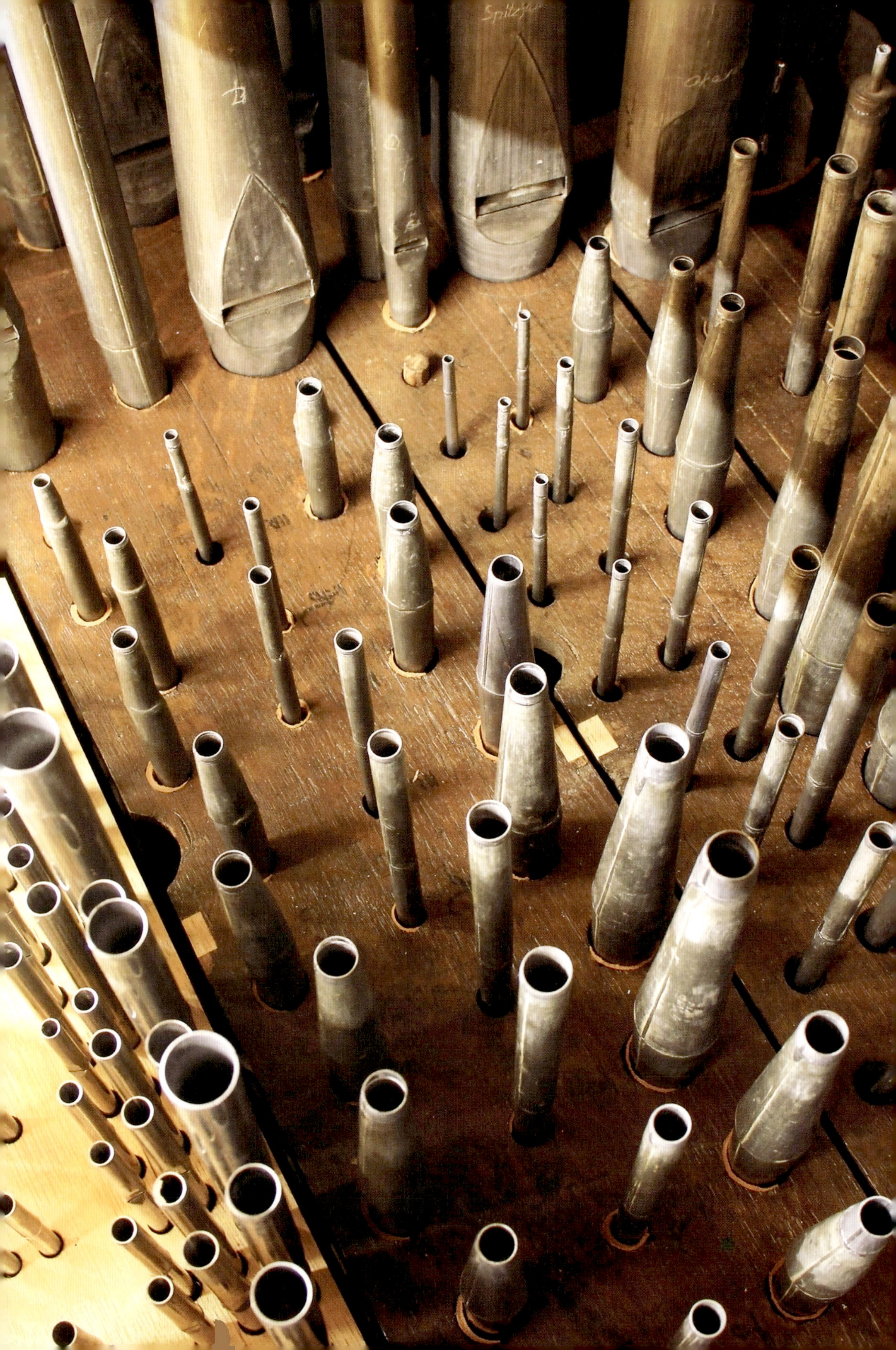

Kristian Wegscheider

# RESTAURIERUNGSBERICHT DER NEUENFELDER ORGEL

Zum besseren Verständnis des nachfolgenden Restaurierungsberichtes möchte ich einige Erläuterungen zu Aufbau und Funktion einer Orgel voranschicken. Für den Betrachter ist von der Orgel in der Regel nur der sogenannte Prospekt sichtbar, die aufwändig gestaltete Vorderseite mit wohlgeformten Pfeifen und schönen Verzierungen. Die hier sichtbaren Pfeifen machen aber nur einen geringen Teil des gesamten Pfeifenbestandes aus. In Neuenfelde sind 205 Pfeifen im Prospekt sichtbar, davon 103 klingend, der Rest ist stumm. Dahinter verbergen sich weitere 1948 Innenpfeifen unterschiedlichster Bauart, welche die Klangunterschiede und Klangfülle einer Orgel ausmachen. Die Pfeifen gleicher Bauform aber unterschiedlicher Tonhöhe bilden ein Register, entsprechend den Instrumenten eines Orchesters. In Neuenfelde sind 34 Register verteilt auf Oberwerk, Rückpositiv und Pedal von Arp Schnitger disponiert worden. Der Organist hat beim Spiel nicht nur die Aufgabe, im rechten Moment die richtigen Tasten zu drücken, sondern auch vorab und seltener während des Spiels, die Register auszuwählen und damit die Klangfarben zu arrangieren. In der Regel ist die Auswahl der Register nicht vom Komponisten vorgegeben sondern eine relativ freie Entscheidung des Organisten.

Die Tonerzeugung geschieht bei den weitaus meisten Pfeifen nach dem Prinzip der Blockflöte: durch einen schmalen Spalt wird ein Luftband auf eine Kante, das sogenannte Oberlabium gelenkt. Dadurch entstehen Spalt- und Schneidetöne. Im Pfeifenkörper bildet sich daraufhin eine stehende Welle, die Tonhöhe ist dabei abhängig von der Länge des Pfeifenkörpers. Anders als bei der Blockflöte muss bei der Orgel für die unterschiedlichen Tonhöhen jeweils eine separate Pfeife gebaut werden, ähnlich wie bei einer Panflöte, die man in gewisser Hinsicht neben dem Dudelsack (Blasebalg) als Vorläuferin der Orgel ansehen kann. Diese Pfeifen nennt man Labialpfeifen.

Eine grundsätzlich andere Tonerzeugung geschieht bei den Zungenpfeifen. Hier schlägt ein schwingendes Metallblatt (zumeist aus Messing) auf eine Kehle auf, vergleichbar mit einer Klarinette. Der so erzeugte Ton wird durch einen Resonanzkörper, den sogenannten Becher verstärkt. Der Klang der Zungenpfeifen ist sehr obertonreich und durchdringend, in manchen Fällen auch schnarrend oder leicht rasselnd. Da der

◁ Pfeifen des Oberwerks

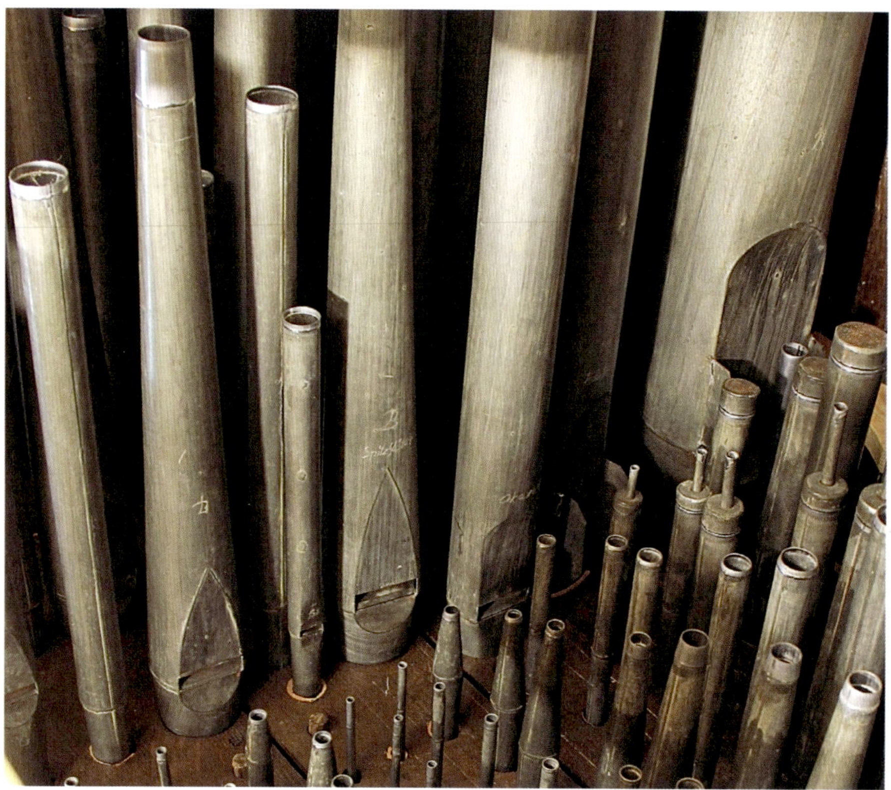

Bau von Zungenpfeifen sehr aufwändig ist, machen diese Register immer nur einen kleinen Teil der Orgel aus. Bei norddeutschen Barockorgeln sind aber sogar relativ viele solcher Zungenregistern anzutreffen, in Neuenfelde sind es 6 von 34.

Neben der Bauform der Pfeifen ist die gesamte Windversorgung von entscheidender Bedeutung für den Klang. Prinzipiell sollen die Pfeifen mit einem gleichmäßigen Winddruck versorgt werden, wenn der Organist die entsprechenden Tasten drückt. Allerdings wirkt sich eine allzu stabile Windversorgung nicht immer positiv auf den Klang aus, er kann steril und langweilig werden.

△ ▷ Pfeifen des Oberwerks

Es ist also durchaus erwünscht, wenn bis zu einem gewissen Grad der Wind »lebendig« ist, je nach Spielart des Organisten etwas nachgibt und wenn sich die Pfeifen ein wenig gegenseitig beeinflussen. Dies macht den besonderen Klang einer Barockorgel aus. Zur Windversorgung gehören die Blasebälge, die Kanäle und die Windladen. Zusammen mit der Traktur, die die Verbindung von den Tasten zu den Ventilen herstellt, ist die Orgel ein komplexes System, in dem jedes kleinste Detail Einfluss auf den Klang hat und das Spielgefühl des Organisten beeinflusst.

Ziel der Restaurierung war es nun, die originalen Teile der Schnitgerorgel zu konservieren, sie wieder in den ursprünglichen Zusammenhang zu bringen und verloren gegangene Teile möglichst exakt zu rekonstruieren. Dabei wurden etliche gut gemeinte

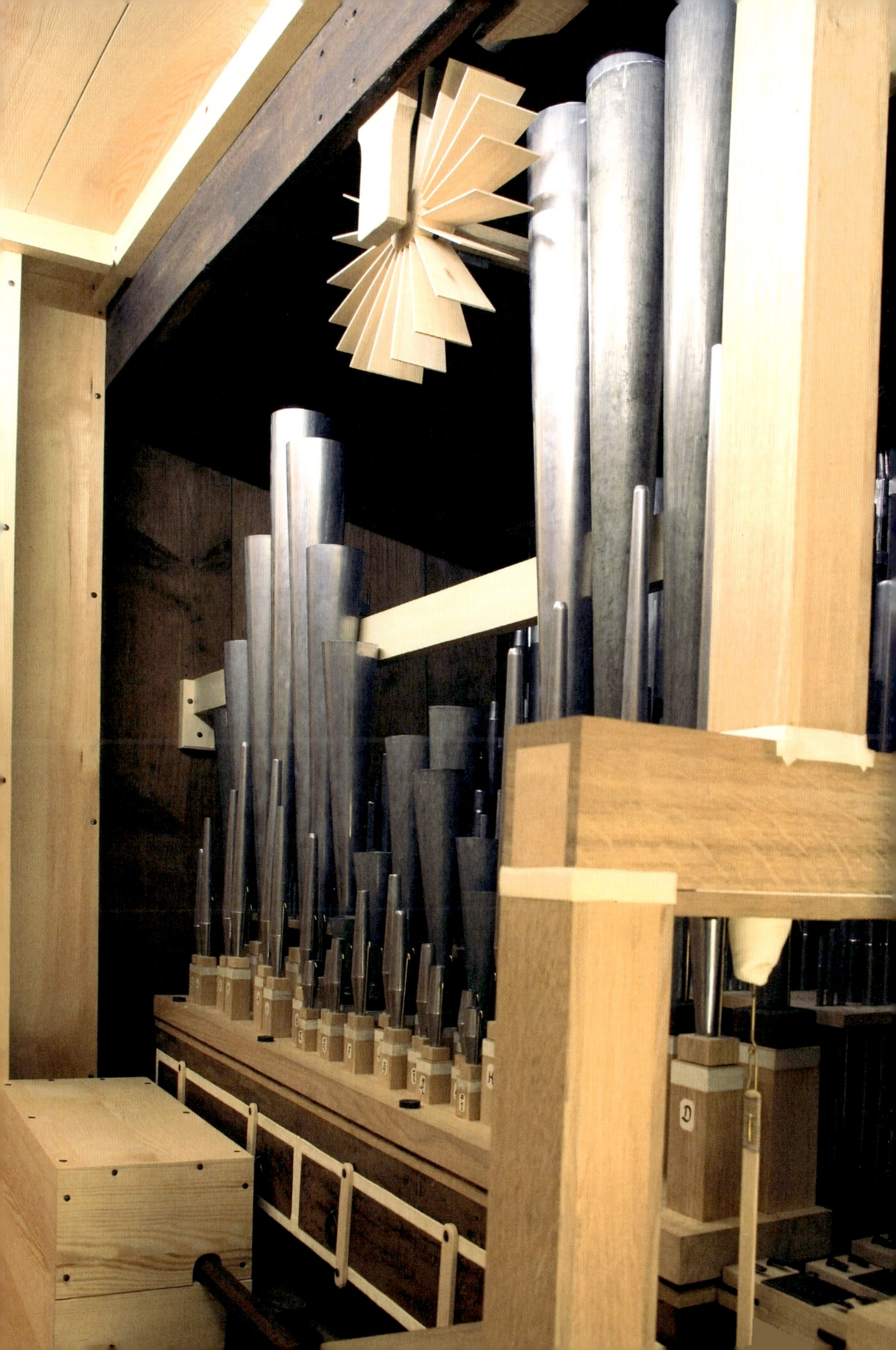

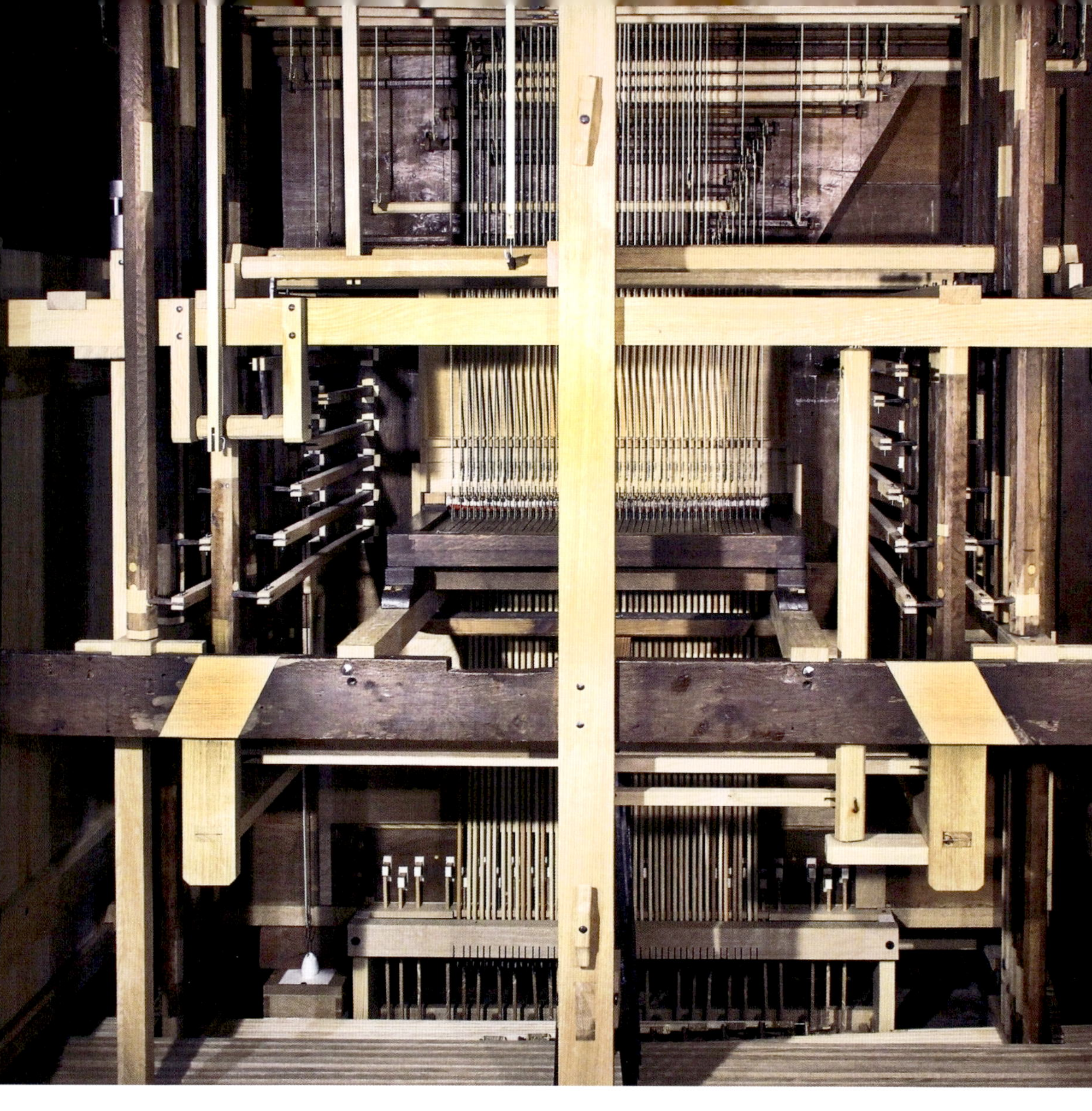

△ Das Innere des Untergehäuses mit Spiel- und Registertraktur

Verbesserungen vergangener Zeiten wieder rückgängig gemacht. Nur wenige Zugeständnisse an heutige Erwartungen wurden zugelassen, darunter eine elektrische Beleuchtung, eine etwas größeres Notenpult und vor allem ein elektrisches Gebläse, damit der Organist nicht mehr auf Bälgetreter angewiesen ist. Bei Stromausfall können aber die Bälge nach wie vor mit Muskelkraft aufgezogen werden.

## ERSTE EINDRÜCKE VOR DIE RESTAURIERUNG

Als eine in Dresden ansässige Orgel-Restaurierungswerkstatt ist es schon etwas Besonderes, wenn einem das Vertrauen ausgesprochen wird, eine Schnitger-Orgel und noch dazu die in der Grabeskirche des Meisters in Neuenfelde bei Hamburg restaurieren zu dürfen. Als ich mir die vorher nur durch Ton-Aufnahmen bekannte Schnitger-Orgel in Neuenfelde am 22. und 23.9.2010 genauer ansah, wurde mir schnell bewusst, welch großes Glück wir Orgelbauer im Osten Deutschlands hatten und haben, dass unsere bedeutenden historischen Orgeln vergleichsweise so wenig verändert wurden.

Die Position der Pedalklaviatur war in Richtung einer modernen, vermeintlich bequemeren Sitzposition des Organisten verändert worden. Dafür hatte man große Teile der Traktur vollständig verändert, die originale Anlage war nach ersten Untersuchungen kaum zu erkennen. In den Registern des Rückpositivs fanden sich neben vielen Pfeifen des 19. und 20. Jahrhunderts auch einige scheinbar sehr alte, extrem schwere Bleipfeifen, über deren Herkunft schon manches Mal spekuliert worden war. Die Bauart dieser Pfeifen erinnerte mich sofort an Johann Friedrich Schulze aus Paulinzella, einem Orgelbauer des 19. Jahrhunderts. Das Material war aber augenscheinlich viel älter. Die bisherigen Schätzungen auf das 16./17. Jahrhundert könnten wohl zutreffend sein. Hatte Schulze also altes Pfeifenmaterial recycelt? Woran sich die Frage anschloss, wie diese Pfeifen nach Neuenfelde gelangt sind.

Immerhin standen erstaunlicherweise die 6 originalen Keilbälge aus Eichenholz noch auf einem erneuerten Gestell neben der Orgel, die angeschlossene Windversorgung mit neuen Magazinbälgen und Kanälen hatte aber nichts mit den originalen Verhältnissen der Schnitger-Orgel zu tun. Bei all diesen sofort ins Auge fallenden bedauerlichen Veränderungen waren aber viele wesentliche Teile der Orgel »im Großen und Ganzen« erhalten: Das Orgelgehäuse (wenig verändert), die originalen Windladen (stärker verändert) und große Teile des wertvollen labialen Pfeifenwerks – kurzum: eine umfangreiche und schwierige Restaurierungsaufgabe stand ab 2014 vor uns.

## BEGINN DER RESTAURIERUNG

Im April 2015 begann der Ausbau des Pfeifenwerks. Aus eigener Erfahrung weiß ich, dass die meisten Fehler bei einer Restaurierung gleich zu Anfang drohen, weshalb das dokumentierte Ausheben der Pfeifen sofort mit einer peniblen Spurensuche verbunden werden musste. Zunächst wurde überlegt, einen Teil der Pfeifen direkt in der Kirche zu restaurieren. Wegen der starken Verformungen vieler Pfeifen war aber eine Reparatur in der Dresdener Pfeifenwerkstatt unumgänglich.

Beim Transport war größte Vorsicht geboten, weil die relativ weichen Bleipfeifen im liegenden Zustand schnell weiteren Schaden nehmen. Glücklicherweise ging sowohl auf dem Hinweg wie auf dem Rückweg alles gut. In Dresden wurden zunächst alle Pfeifen gewaschen und von ihrem nicht originalen Überzug mit Schellack befreit. Anhand der Signaturen wurde die Position jeder einzelnen Pfeife überprüft und es stellte sich heraus, dass viele Pfeifen in den verschiedenen Registern vertauscht worden waren. Bei früheren Reparaturen hatte man also Pfeifen gleicher Tonhöhe von einem Register in ein anderes gestellt. Durch die korrekte Zuordnung konnte z. B. in der Oktave 2' des Rückpositivs ein weitaus homogenerer Bestand wiederhergestellt werden als anfangs erwartet. Außerdem lieferten einzelne wiedergefundene Pfeifen wertvolle Hinweise auf Register, die gänzlich verloren schienen.

## DAS MATERIAL DER METALLPFEIFEN

Für die Reparatur musste die Zusammensetzung der Pfeifenbleche näher bestimmt werden. Schon allein das Gewicht der Pfeifen und die leichte Verformbarkeit ließen auf einen sehr hohen Bleianteil schließen. Stichproben zeigten einen Bleianteil von 85 bis gut 90 %. Der Rest der Legierungen besteht aus Zinn und minimalen Anteilen weiterer

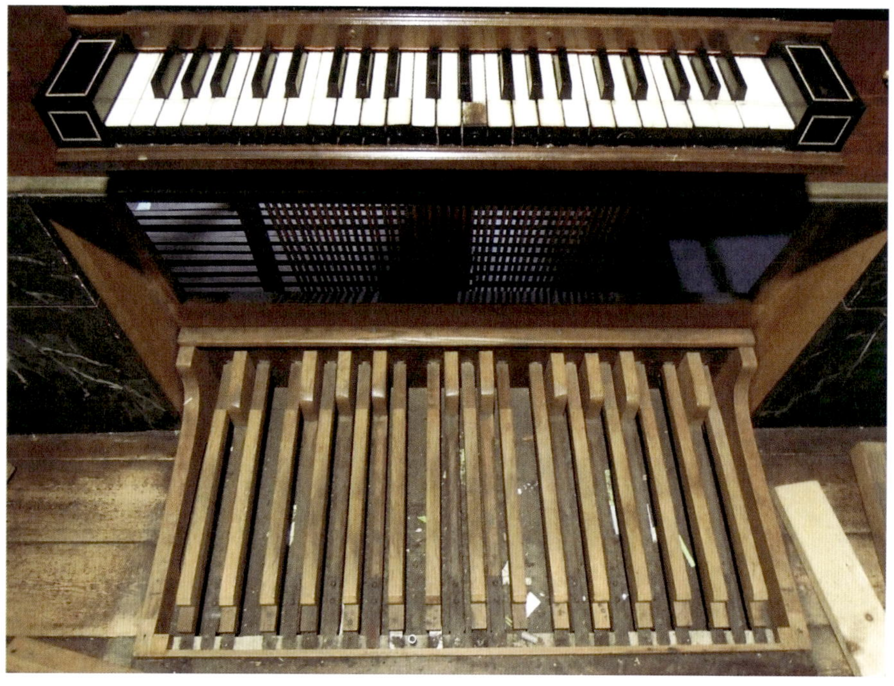

△ Spieltisch vor der Restaurierung

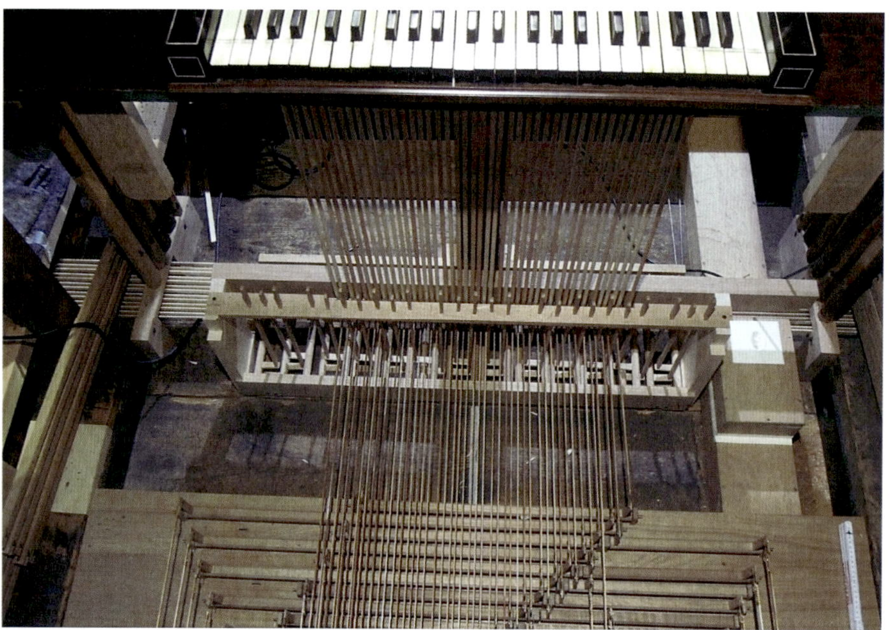

△ Spieltisch und Traktur vor der Restaurierung

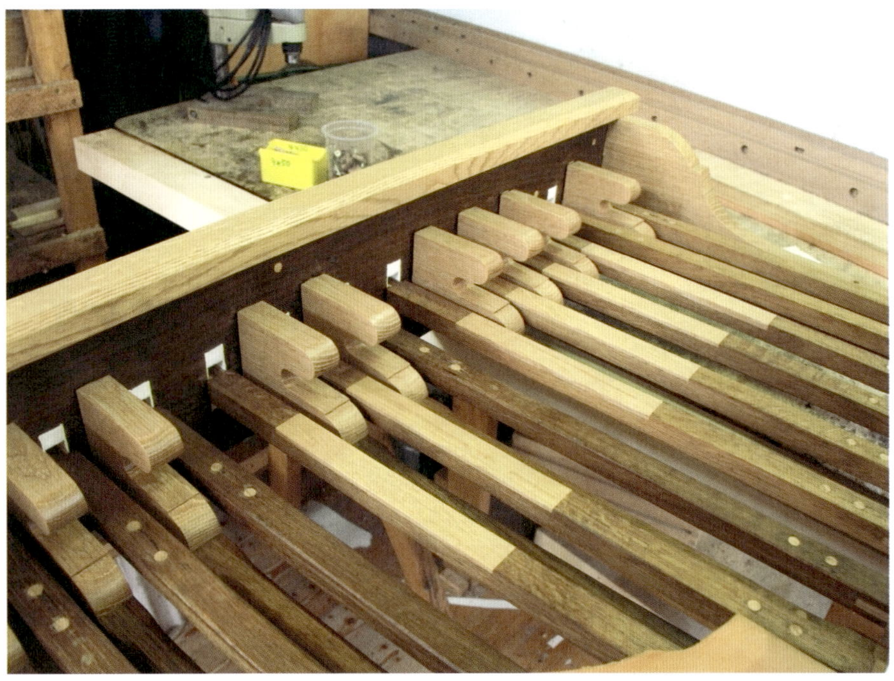

△ Pedalklaviatur während der Restaurierung

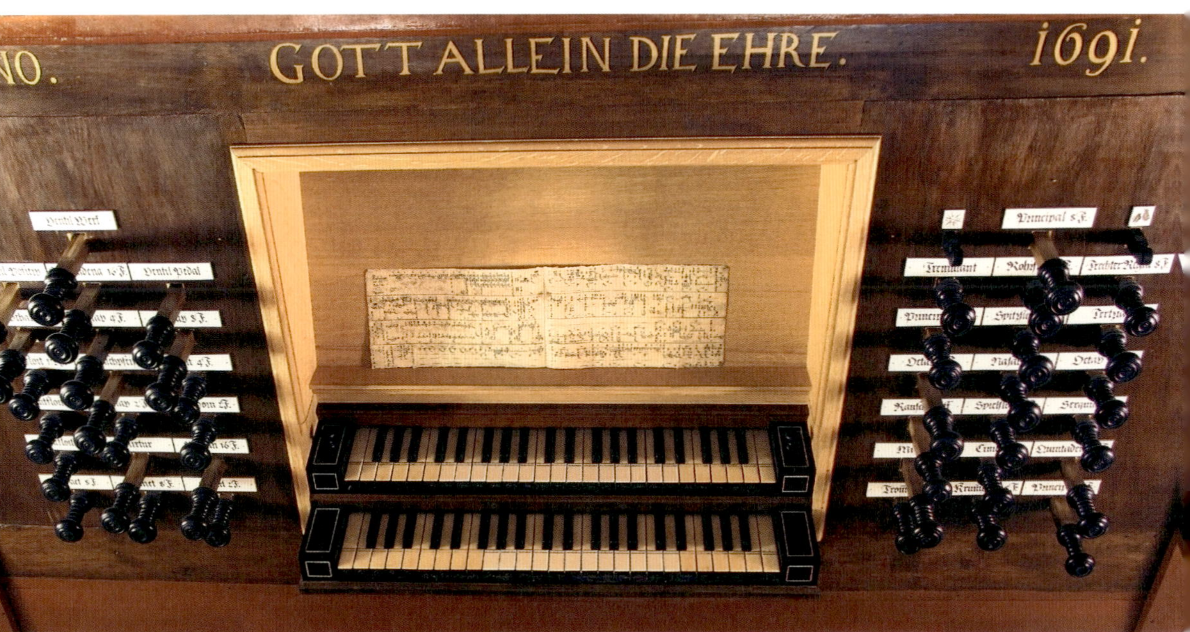


△ Spieltisch nach der Restaurierung

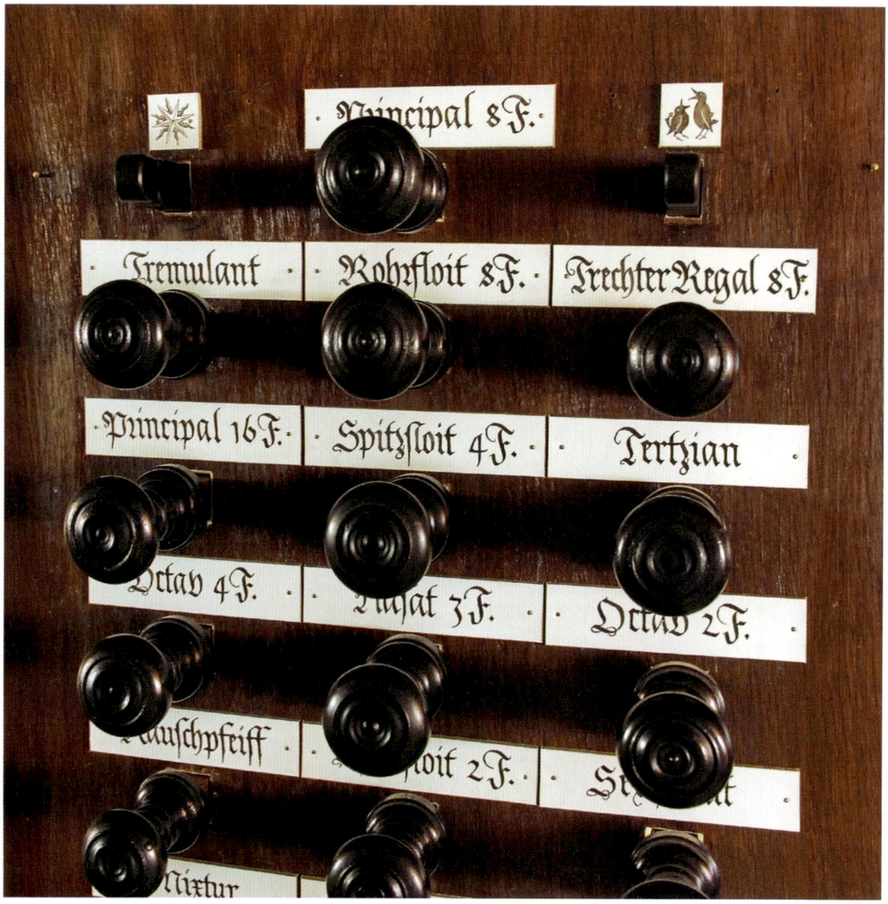

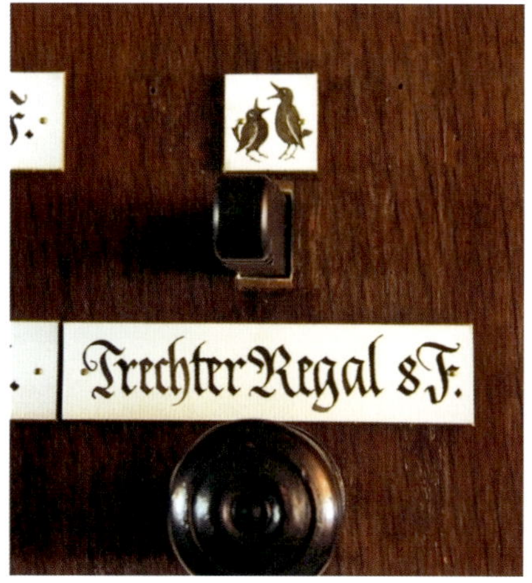


Metalle (z. B. Kupfer, Antimon, Wismut, Arsen, Silber), die man als »Verunreinigungen« ansehen könnte, in Wirklichkeit aber wesentlich zur Stabilität der Bleche beitragen. Die Legierungen sind innerhalb der Orgel, zum Teil aber wohl auch innerhalb einzelner Register leicht unterschiedlich, entsprechen aber insgesamt den Gebräuchlichkeiten der Schnitger-Zeit. Für notwendige Verlängerungen von Pfeifenkörpern und Austausch von

△ Registerzüge

◁ Registerzüge, Deatail

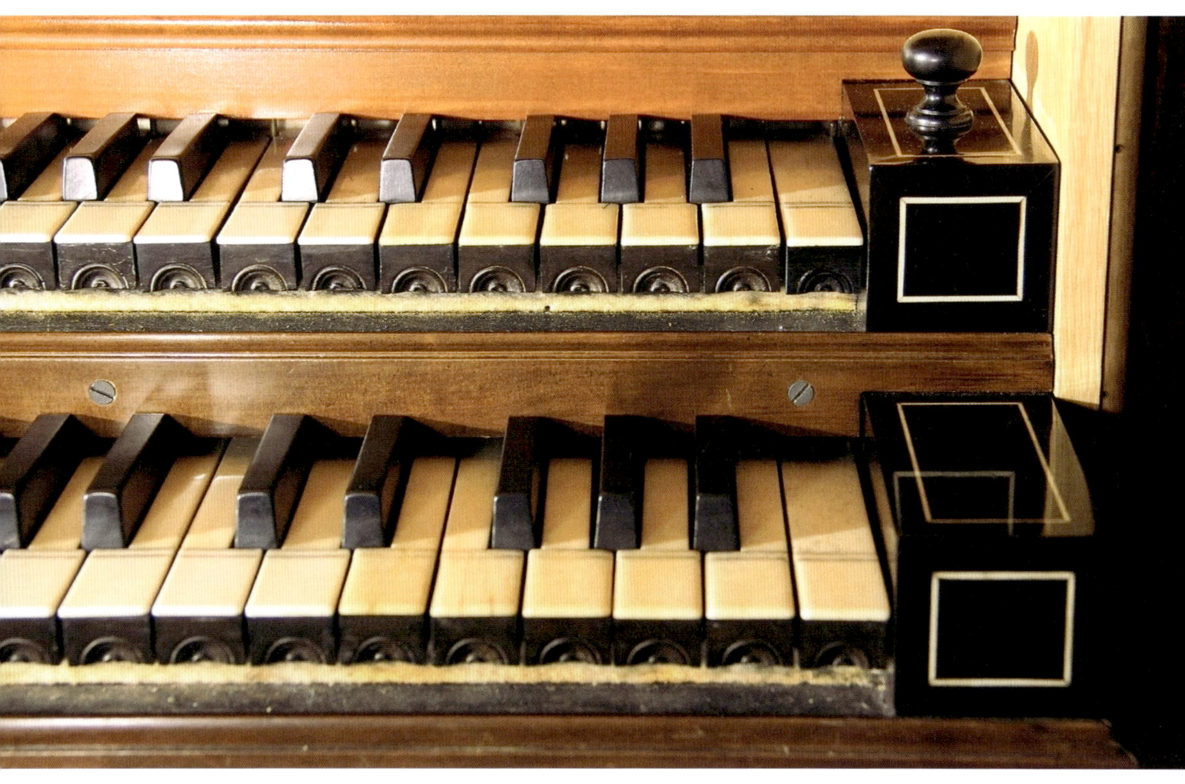

Fußspitzen wurde möglichst ähnliches Material verwendet.

An einigen Innenseiten der Pfeifen war deutlich zu erkennen, dass der Guss, wie damals üblich, auf Sand erfolgte. Trotz eines relativ regelmäßigen Gusses waren kleinere Lunker (Hohlräume) und poröse Bereiche nicht immer zu vermeiden. Sie wurden mit einem gerundeten Hammer verdichtet und geschlossen. Durchgehend gehämmert wurden die Bleche allerdings nicht.

Hier und da finden sich verlötete Löcher oder längliche Kerben in den Blechen, mit denen größere Fehler beim Guss ausgebessert wurden. Manche relativ dünnen Stellen mitten in den Wandungen einzelner Pfeifenkörper zeigten eine recht großzügige Verwendung nicht perfekt gelungener Bleche. Auf eine gleichbleibend und hervorragende Qualität wurde also von Arp Schnitger nicht so viel Wert gelegt, wie es z.B. bei Gottfried Silbermann der Fall war. Auf den Klang der Orgel hat das jedoch keinen direkten Einfluss.

Wie bei den Dorforgeln der Schnitger-Zeit meistens üblich, sind in Neuenfelde auch die Prospektpfeifen aus demselben Material mit hohem Bleianteil gefertigt. Aus optischen Gründen waren sie von Beginn an auf der Vorderseite mit einer dünnen Zinnfolie belegt. Die älteste Folierung muss mit ausgesprochen dünn geschlagenem Zinn in der Art einer Vergoldung oder Versilberung ausgeführt gewesen sein. Davon fanden sich noch sehr kleine Bereich an den Blindpfeifen des Rückpositivs. Im Laufe der Jahrhunderte wurde die Folie-

△ Klaviaturen nach der Restaurierung

rung wahrscheinlich mehrfach erneuert. Zuletzt belegt ist dies 1950. Die Orgel-Werkstatt v. Beckerath hatte dafür die Oberflächen der Pfeifen mechanisch durch Abschleifen gereinigt und geglättet und anschließend eine relativ starke Zinnfolie aufgebracht. Die Folie war im Laufe der Zeit stark korrodiert und unansehnlich geworden. Die Entfernung erwies sich allerdings aufgrund eines unbekannten Bindemittels als schwierig. Alle Versuche mit Lösungsmitteln, die den Pfeifen keinen Schaden zufügen würden, scheiterten zunächst. Am praktikabelsten erwies es sich, die Folie mit Klebeband zu überziehen und somit mechanisch abzulösen.

Für die Neuverzinnung wurde eine möglichst dünne Folie (0,01 mm) gewählt, die sich den zahlreichen Unebenheiten der Pfeifen gut anschmiegen ließ. Ein häufiges Problem bei der Folierung ist eine Blasenbildung unter der Zinnfolie, wenn es durch chemische Reaktion des Anlegemittels mit der Pfeifenoberfläche zu einer Gasbildung kommt. Nach mehreren Versuchen mit verschiedenen Bindemitteln entschlossen wir uns, in Zusammenarbeit mit dem Denkmalpflegebetrieb Schmalhofer, Dresden für die Verwendung einer acrylatgebundenen Anlegemilch, für das es viele gelungene Referenzobjekte gibt.

Die aufwändige Restaurierung und Rekonstruktion des Pfeifenwerkes sei gruppiert nach der Bauform der Register an einigen Beispielen dargestellt.

## PROSPEKTPFEIFEN UND ÜBRIGE PRINZIPALREGISTER

Einen wesentlichen Einfluss auf den Klang der Labialpfeifen hat die Mensur, das ist das Verhältnis von Länge zu Durchmesser des Pfeifenkörpers. Die Prospektpfeifen gehören zur Familie der Principalregister mit einer »normalen« mittleren Mensur. Sie haben einen kräftigen Klang, der wesentlich zur Klangfülle der Orgel beiträgt. Die drei Teilwerke der Orgel haben jeweils ihr eigenes Principalregister im Prospekt: Principal 16′ im Pedal, Principal 8′ im Oberwerk und Principal 4′ im Rückpositiv. Die Länge der Pfeife auf der Taste C zeigt die Oktavlage an in der das Register erklingt. Sie wird ausgedrückt in dem altmodischen Längenmaß Fuß: 8 Fuß (Pfeifenlänge von C ist ca. 2,3 Meter) ist die normale Lage, bei 4′ sind alle Pfeifen nur halb so lang und klingen eine Oktave höher, bei 16′ sind sie doppelt so lang und klingen eine Oktave tiefer. Alle Prospektpfeifen sind in Neuenfelde original erhalten, jedoch in unterschiedlich gutem Zustand. Die wenigsten Veränderungen zeigen die Pfeifen des Principal 4′ im Rückpositiv, da sie im 19. Jahrhundert außer Funktion gesetzt worden waren. Stärkere Veränderungen zeigen die Pfeifen des Oberwerks und des Pedals. Die vermutlich im 19. Jahrhundert eingeschnittenen Stimmrollen wurden geschlossen und die Stimmbereiche ausgesetzt, einzelne stark beschädigte Fußspitzen wurden erneuert sowie die bei früheren Reparaturen nachgeschnittenen Aufschnitte ausgesetzt. Die oft stark verzogenen Oberlabien wurden so weit als möglich gerichtet und geglättet.

An den sieben Pfeifen des Mittelturmes im Oberwerk waren in jüngerer Zeit Verlängerungen an den Fußspitzen angelötet worden, die mit hoher Wahrscheinlichkeit hölzerne Konsolen (vergleichbar denen in den Pedaltürmen) ersetzten. Analog zur Aufstellung im Pedal wurden hölzerne Konsolen rekonstruiert und die angelöteten Verlängerungen entfernt.

Die Pfeifen des Principal 16′ hatten in jüngerer Zeit Seitenbärte erhalten, die sämtlich abgenommen wurden. Die stark eingesunkenen Fußspitzen wurden ausgeformt und mit neuem Material im Bereich der Längsnaht ausgesetzt und stabilisiert. Die vor Jahrzehnten aufgelöteten seitlichen Bandagen zur Stabilisierung der Labienbereiche wurden beibehalten.

▷ Pfeifen des Rückpositivs

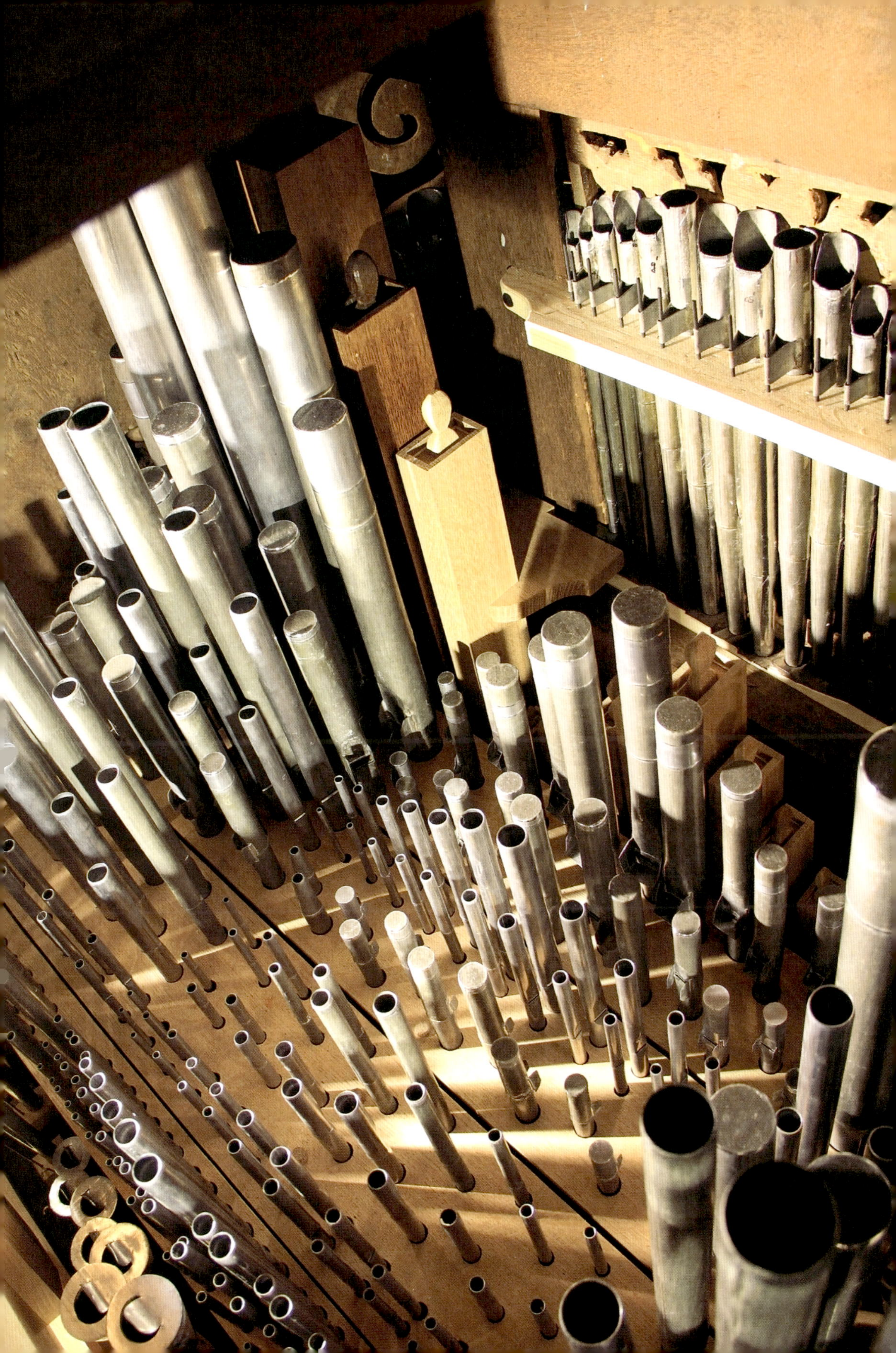

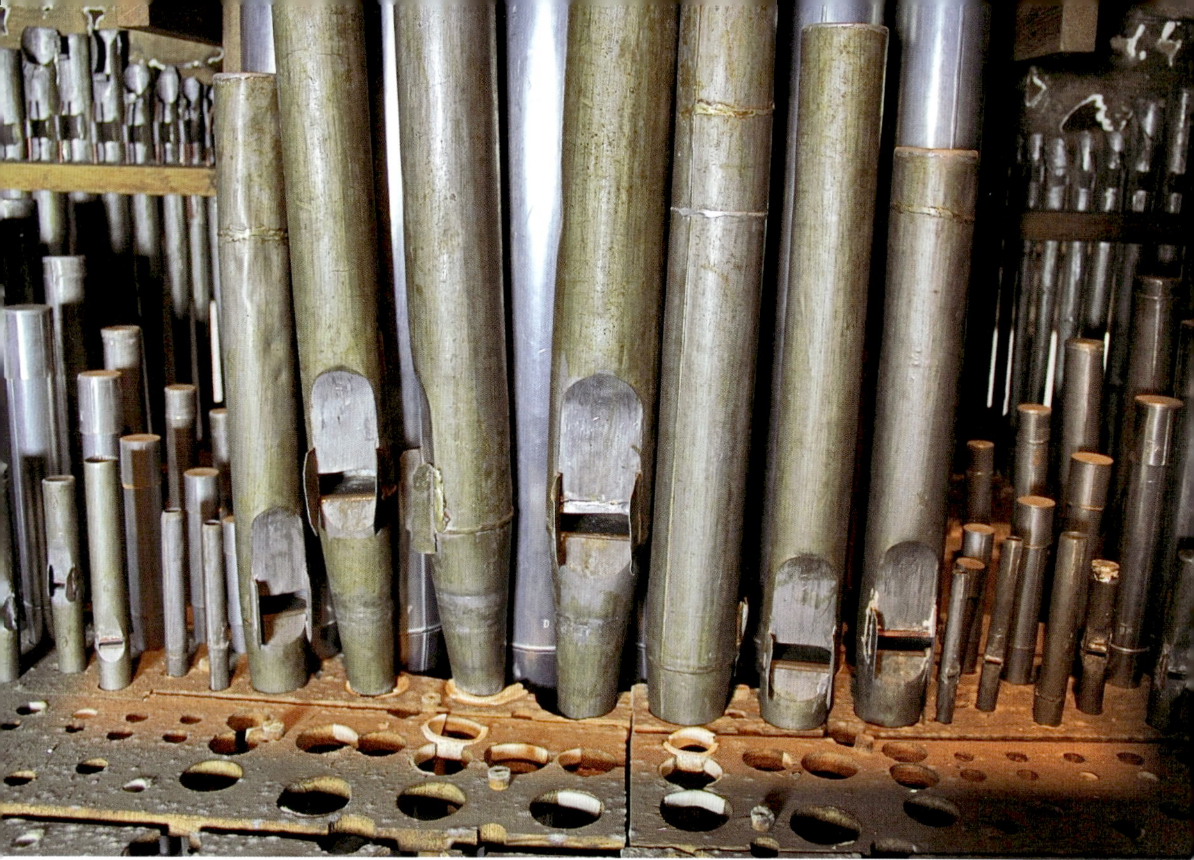

Die bei einer früheren Reparatur oberhalb des Oberlabiums schief zusammengesetzten Töne *f*, *fis* und *gis* wurden an den entsprechenden neueren Lötnähten wieder aufgetrennt und nach dem Abrichten der Kanten neu zusammengefügt. Hinter dem eingeknickten Bereich über dem Oberlabium des Tones F wurden im Inneren der Pfeife Bleche zur Versteifung in mehreren Streifen nebeneinander aufgelötet. Die Zinkhülsen, die bei einer früheren Restaurierung an den Mündungen der Prospektpfeifen des Pedals zur Einrichtung einer Hängevorrichtung angebracht worden waren, wurden wie auch die Hängevorrichtung beibehalten. So lassen sich die Töne auch weiterhin im eingebauten Zustand entlasten. Die Zinnfolie wurde nach dem oben beschriebenen Verfahren erneuert.

△ Pfeifen des Rückpositivs vor der Restaurierung

Weitere Register der Principalfamilie sind die Oktaven, sie klingen jeweils eine Oktave höher als das Grundregister des jeweiligen Werkes (also z. B. Oktave 4′ im Oberwerk) oder sogar zwei Oktaven höher (Oktave 2′). Die Oktaven 4′ und 2′ im Oberwerk sind vollständig erhalten. Die Oktave 2′ im Rückpositiv zeigte vor der Restaurierung einen sehr heterogenen Bestand mit vielen fremden Pfeifen aus dem 19. Jahrhundert. Viele Pfeifen dieses Registers fanden sich aber an anderen Stellen in der Orgel wieder. Durch Vergleich der Signaturen, des Materials und der Oberflächen konnten sie eindeutig ihrem ursprünglichen Standort zugeordnet werden, so dass das Register jetzt wieder zu 60 % mit originalen Pfeifen ausgestattet ist.

Als Klangkrone gehören zu den Principalregistern auch die gemischten Stimmen Rauschpfeife, Mixtur und Scharff. Hier sind jeder Taste mehrere Pfeifen zugleich zugeordnet, gestimmt in Oktav- und Quintintervallen.

Von den gemischten Stimmen ist in Neuenfelde nur die Rauschpfeife 2fach im Oberwerk original erhalten. Manche Pfeifen waren unter den zwei Reihen des Registers vertauscht, einzelne Pfeifen waren auch in die Octave 2' verstellt. Die 2'-Reihe der Rauschpfeife ist vollständig erhalten, in der Reihe des 1 1/3' wurden einzelne Pfeifen ergänzt.

### Oberwerk: Mixtur 5 – 6fach

Von der großen Mixtur des Oberwerks hat sich leider nicht eine einzige Pfeife erhalten. Auch beim Sortieren der Register ließ sich keine Pfeife dieser Mixtur zuordnen. Für die Rekonstruktion der Mensur und der Zusammensetzung konnten so nur die übrigen Register, der vorhandene Platz auf den Stöcken und der Vergleich mit ähnlichen Instrumenten Schnitgers als Maßgabe gelten. Insbesondere die Aufteilung der Stöcke gab einige, wenn auch ungenaue Hinweise auf die Repetitionspunkte. Die Lage der Doppelchöre wurde in Anlehnung an die Orgeln von Cappel und Hamburg St. Jacobi festgelegt. Entsprechend ergibt sich jetzt die folgende Zusammensetzung:

| C | | | | | 1 1/3' | | 1' | | 2/3' | | 1/2' | 1/2' |
|---|---|---|---|---|---|---|---|---|---|---|---|---|
| c° | | | | | 1 1/3' | | 1' | | 2/3' | 2/3' | 1/2' | |
| dis° | | | 2' | | 1 1/3' | | 1' | | 2/3' | 2/3' | | |
| g° | | | 2' | | 1 1/3' | | 1' | 1' | 2/3' | | | |
| d' | | 2 2/3' | 2' | | 1 1/3' | 1 1/3' | 1' | 1' | | | | |
| g' | 4' | 2 2/3' | 2' | | 1 1/3' | 1 1/3' | 1' | | | | | |
| c'' | 4' | 2 2/3' | 2' | 2' | 1 1/3' | 1 1/3' | | | | | | |

### Rückpositiv: Scharff 4 – 6fach

Das rekonstruierte Scharff richtet sich in Zusammensetzung und Mensur nach den vorhandenen Stockbohrungen und Vorbildern bei Schnitger, etwa der Orgel in Cappel:

| C | | | | | | | 1' | 2/3' | 1/2' | 1/3' |
|---|---|---|---|---|---|---|---|---|---|---|
| c° | | | | | 1 1/3' | | 1' | 2/3' | 1/2' | |
| g° | | | 2' | | 1 1/3' | | 1' | 2/3' | | |
| cis' | 2 2/3' | | 2' | | 1 1/3' | | 1' | 2/3' | | |
| g' | 2 2/3' | | 2' | | 1 1/3' | 1 1/3' | 1' | | | |
| cis'' | 2 2/3' | 2 2/3' | 2' | 2' | 1 1/3' | 1 1/3' | | | | |

### Pedal: Rauschpfeife 2fach; 2 2/3' und 2'

Die Rauschpfeife des Pedals war vor der Restaurierung überwiegend mit Zinnpfeifen aus dem 19. Jahrhundert besetzt, zwischen denen sich etliche Pfeifen Schnitgers befanden. Der überwiegende Teil dieser Reihe gehörte ursprünglich zur Octave 2' des Rückpositivs und wurde wieder in dieses Register eingefügt.

Eindeutig zur Rauschpfeife gehört der Ton *C* des 2', dessen Pfeife am Fuß entsprechend beschriftet ist. Ansonsten ließen sich nur drei weitere, teils erheblich veränderte Schnitger-Pfeifen dem Register zuordnen, das ansonsten mit neu angefertigten Pfeifen ergänzt wurde. Die Mensur musste dabei dem vorhandenen Platz auf den Stöcken folgen, da die Bohrungen mehrfach ungünstig dicht liegen und den üblichen Verlauf der Principalmensur nicht überall gestatten.

### Pedal: Mixtur 4 – 6fach

Von der originalen Pedalmixtur ist keine Pfeife erhalten geblieben. Das Register wurde rekonstruiert und mit neuen Pfeifen in passender Bauweise und Mensur besetzt. Die Zusammensetzung ist diese:

| C | | 1 1/3' | 1' | | 2/3' | 1/2' |
|---|---|---|---|---|---|---|
| c° | 2' | 1 1/3' | 1' | | 2/3' | 1/2' |
| g° | 2' | 1 1/3' | 1' | 1' | 2/3' | 1/2' |

## FLÖTENSTIMMEN

Die Register der Flötenfamilie zeichnen sich durch eine weite Mensur aus, also einen im Verhältnis zu den Prinzipalen größeren Durchmesser bei gleicher Pfeifenlänge. Ihr Klang ist etwas leiser und deutlich weicher. Ein Teil der Flötenregister hat noch weitere Besonderheiten der Baumformen, so gibt es z.B. konische Pfeifen (Spitzflöte 4' und Spielflöte 2') gedeckte Pfeifen (oben geschlossen und bei gleicher Tonhöhe nur halb so lang) und halbgedeckte Pfeifen (Rohrflöte). Auch Nasat 3', Quintflöte 3' und Sifflöte 1 ½' gehören zu den Flötenregistern. Die Neuenfel-

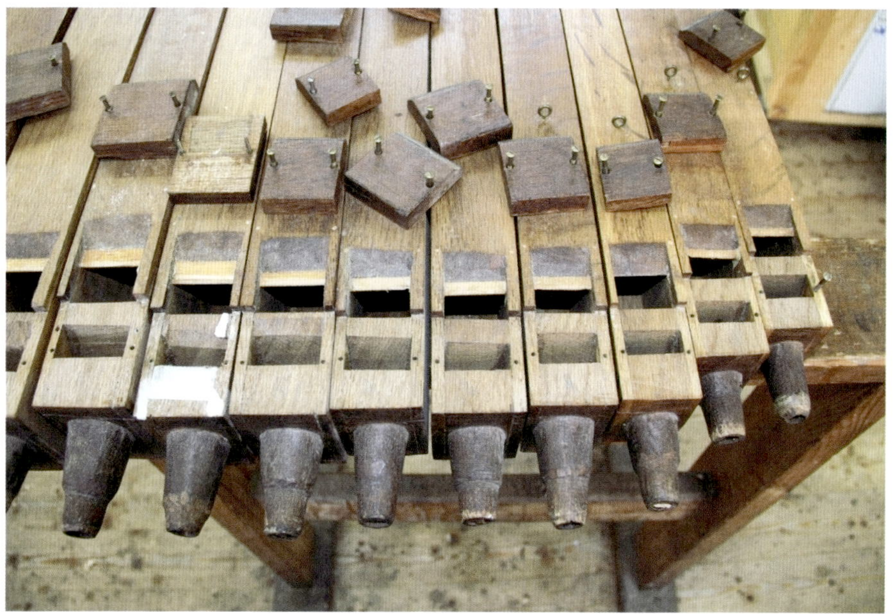

der Orgel weist einen ungewöhnlich hohen Anteil an Flötenregistern auf, die eine feine Differenzierung der Klangfarben ermöglicht.

Spitzflöte 4' und Spielflöte 2' sind in konisch offener Bauweise gefertigt. Auch zwischen diesen beiden Registern waren einige wenige Pfeifen vertauscht und wurden an ihren ursprünglichen Platz zurückgesetzt. Interessant ist, dass die Spielflöte von A bis c' Pfeifen besitzt, die in 8'-Lage als a' bis c''' beschriftet sind und etwas längere Füße als die übrigen Töne haben. Offenbar hat Schnitger hier Pfeifen verwendet, die ursprünglich für ein Gemshorn 8' gedacht waren.

Eine ebenfalls konisch offene Bauweise hat das Nasat 3', allerdings bei etwas weiterer Mensur. Es ist vollständig vorhanden.

Blockflöte 4', Quintflöte 3' (beide RP) und Flöte 4' (PED) sind in gedeckter Bauweise ausgeführt. Sie haben keine beweglichen Hüte sondern sind oben zugelötet. Bei einer beträchtlichen Anzahl von Pfeifen, besonders in der Flöte 4' des Pedals, sind die Mündungen noch original zugelötet und wurden bisher nie geöffnet. Um diese Töne an den Mündungen unverändert zu lassen, wurde eine spezielle Technologie angewandt, mit der es möglich war, die stark verformten Körper ausschließlich durch die Aufschnitte zufriedenstellend auszuformen.

△ Pfeifen des Gedact 8' während der Restaurierung

### Sifflöt 1 1/2'

Die originalen Pfeifen Schnitgers für dieses Register sind vollständig verloren gegangen. Bis zur Restaurierung stand hier eine Mischung verschiedenster alter, aber fremder Pfeifen, unter denen sich eine größere, zusammenhängende Reihe befindet, die eventuell von Scherer oder aus einer anderen, entsprechend alten Orgel stammen könnten. Das Register wurde in Anlehnung an die relativ weite Sifflöte Schnitgers in Cappel neu gebaut.

Das einzige halbgedeckte Register der Orgel ist die Rohrflöte 8'. Die Deckel sind zugelötet und mit dem charakteristischen relativ dünnen Rohr versehen. Viele Pfeifen weisen kurz unterhalb des Deckels neuere

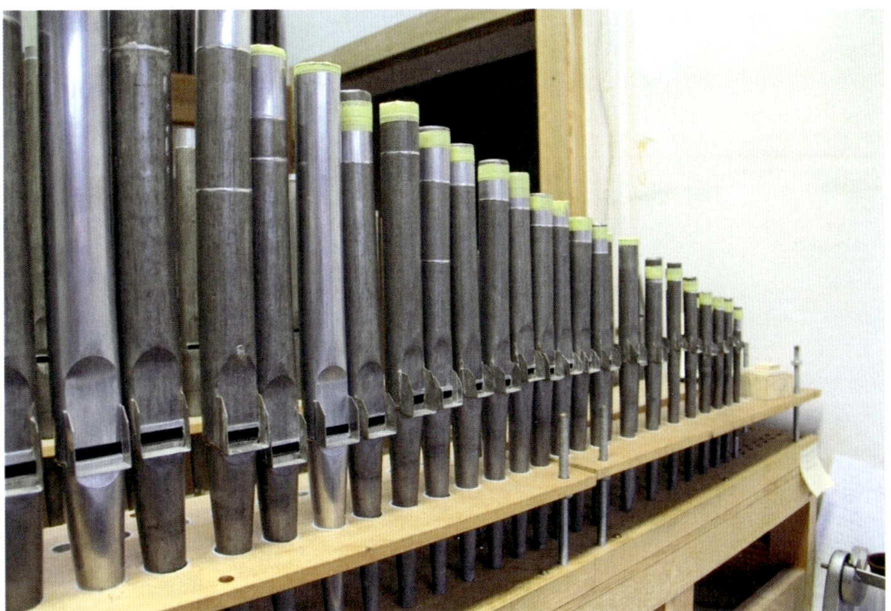

horizontale Lötnähte auf, die auf Reparaturen oder eine Umstimmung der Orgel zurückzuführen sind.

## WEITERE LABIALREGISTER IN BESONDEREN BAUFORMEN

Gedackt 8' ist das einzige Register mit Holzpfeifen (Eichenholz). Vor der Restaurierung waren nur die tiefen Töne bis d° mit Holzpfeifen besetzt, darüber standen ab *es*° Metallpfeifen – ein ungewöhnlicher Befund, der sich bald als falsch herausstellte. Die Pfeifen ab *es*° wurden als Holzpfeifen in entsprechender Bauweise rekonstruiert.

In beiden Manualwerken sind in der tiefsten Oktavlage jeweils eine Quintadena disponiert: zu 16 Fuß im Oberwerk und zu 8 Fuß im Rückpositiv. Die Quintaden haben gedeckte Pfeifen (wie bei Flöten auch hier zugelötet) und eine verhältnismäßig enge Mensur. Der Klang ist stark obertönig mit Betonung der Quinte (3. Teilton), daher der Name. Während die Quintadena 16' des Oberwerks vollständig erhalten ist, schien die Quintadena 8' des Rückpositivs zunächst verloren zu sein. An ihrer Stelle standen komplett neue Pfeifen mit beweglichen Hüten zum Stimmen. Beim Ordnen der Register zeigte sich, dass die oben erwähnten Metallpfeifen auf dem Stock des Gedackt 8' in Wirklichkeit umgearbeitete Pfeifen der Quintadena 8' waren. Die typischen Kastenbärte bei Quintadena-Pfeifen waren zu diesem Zweck aufgeschnitten und umgebogen. In aufwändiger Reparatur konnte diese Veränderung rückgängig gemacht werden. So konnte ein bemerkenswerter Teil des Quintadena wieder mit originalen Pfeifen besetzt werden. Die Töne C bis e° sowie fis° und b° mussten neu gebaut werden.

### Nachthorn 2'

Das Nachthorn schien verloren, bis sich eine einzelne, wenn auch stark veränderte Pfeife in der Rauschpfeife des Pedals fand, die dank einer Beschriftung auf dem Oberlabium als der Ton C des Nachthorns zu identifizieren

△ Pfeifen der Quintadena 8' während der Restaurierung

war. Damit konnten der Ausgangspunkt der Mensur und die Breite der Labierung eindeutig festgelegt werden. Das Nachthorn, das im Allgemeinen als sehr weit mensuriertes Register bekannt ist, hat in Neuenfelde eine Prinzipalmensur mit schmaler Labierung.

## GEMISCHTE STIMMEN

### Oberwerk: Cimbel 3fach

Dass diese Cimbel keine übliche im Sinne einer Erweiterung der großen Mixtur war oder zum Spiel auf Grundlage eines höheren Principalregisters diente, lässt sich aus der Aufteilung der Stöcke ablesen. Hieraus ergibt sich, dass sie eine sehr hoch liegende Obertonstimme im Sinn der Quart-Sext-Cimbel von Cappel gewesen sein muss. Die drei Reihen der Bohrungen liegen dicht beieinander und weisen fast durchweg die gleichen Durchmesser und Kessel auf. Größere Pfeifen etwa für einen Beginn des Registers auf 1‘ oder 2/3‘ waren daher auszuschließen.

Die Zusammensetzung wurde hier als echte Quart-Sext-Cimbel nach der Beschreibung von Michael Praetorius (jeweils auf c und f stehen die Töne *f – a – c*) gewählt, so dass diese Stimme eine außerordentlich starke Farbwirkung entfalten kann, ähnlich einer polnischen Cimbel:

| | | | |
|---|---|---|---|
| C | 3/16‘ | 3/20‘ | 1/8‘ |
| F | 1/4‘ | 1/5‘ | 1/6‘ |
| c° | 3/8‘ | 3/10‘ | 1/4‘ |
| f° | 1/2‘ | 2/5‘ | 1/3‘ |
| c‘ | 3/4‘ | 3/5‘ | 1/2‘ |
| f‘ | 1‘ | 4/5‘ | 2/3‘ |
| c‘‘ | 1 ½‘ | 1 1/5‘ | 1‘ |
| f‘‘ | 2‘ | 1 3/5‘ | 1 1/3‘ |

### Rückpositiv: Sesquialtera 2fach

Wie im Oberwerk fehlen auch im Rückpositiv die gemischten Stimmen. Die Sesquialtera war vor der Restaurierung mit älteren Pfeifen aus einem Bestand in der Bauweise von Johann Friedrich Schulze (Paulinzella) besetzt, die weder in der Mensur noch in der Bauform eine Ähnlichkeit mit Schnitger aufwiesen. Vermutlich wurden diese Pfeifen von Kemper in die Neuenfelder Orgel eingebaut.

Die rekonstruierte Sesquialtera wurde anhand von Schnitgers Pfeifen als Vorlage für Bauform und Mensur sowie entsprechend der Zusammensetzung in anderen Schnitger-Orgeln neu gebaut. Da im Bass nicht genügend Platz für einen Beginn auf 2 2/3‘ vorhanden ist, wurde eine Repetition bei *c°* eingefügt. Die Zusammensetzung lautet:

| | | | | |
|---|---|---|---|---|
| C | | | 1 1/3‘ | 4/5‘ |
| c° | 2 2/3‘ | 1 3/5‘ | | |

### Terzian 2fach

Ungewöhnlich ist die Aufstellung gleich zweier terzhaltiger Register im selben Werk. Die Anordnung und Weite der Stockbohrungen lässt nur eine sehr hohe Lage des Registers und eine Besetzung mit kleinen Pfeifen zu. Bauform und Zusammensetzung des rekonstruierten Terzians richten sich nach entsprechenden Vorbildern bei Schnitger:

| | | | | | | |
|---|---|---|---|---|---|---|
| C | | | | | 2/5‘ | 1/3‘ |
| c° | | | 4/5‘ | 2/3‘ | | |
| c‘ | 1 3/5‘ | 1 1/3‘ | | | | |

## ZUNGENSTIMMEN

Von den Zungenregistern finden sich in der Neuenfelder Orgel leider nur noch wenige originale Reste. Stöcke und Stiefel der Zungen im Rückpositiv und Pedal sind original. Verhältnismäßig alt aussehende Stiefel der Trompete 8’ im Oberwerk, die bislang als original angesehen wurden wiesen aber erhebliche konstruktive Unterschiede zur Bauart Arp Schnitgers auf und mussten verworfen werden. Sie stammen wahrscheinlich aus dem 19. Jahrhundert. Weiterhin finden sich in der Trompete 8’ des Oberwerks relativ viele originale Köpfe und Becher, darunter sogar als große Rarität zwei Becher, die eindeutig noch den ursprünglichen Zuschnitt haben und nie gekürzt worden sind. Alle fehlenden Teile der Zungenregister wurden rekonstru-

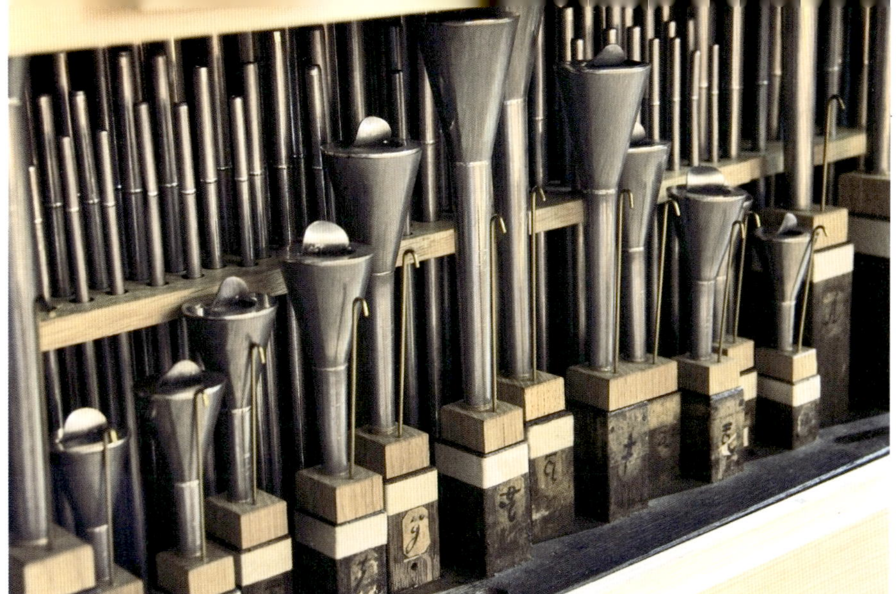

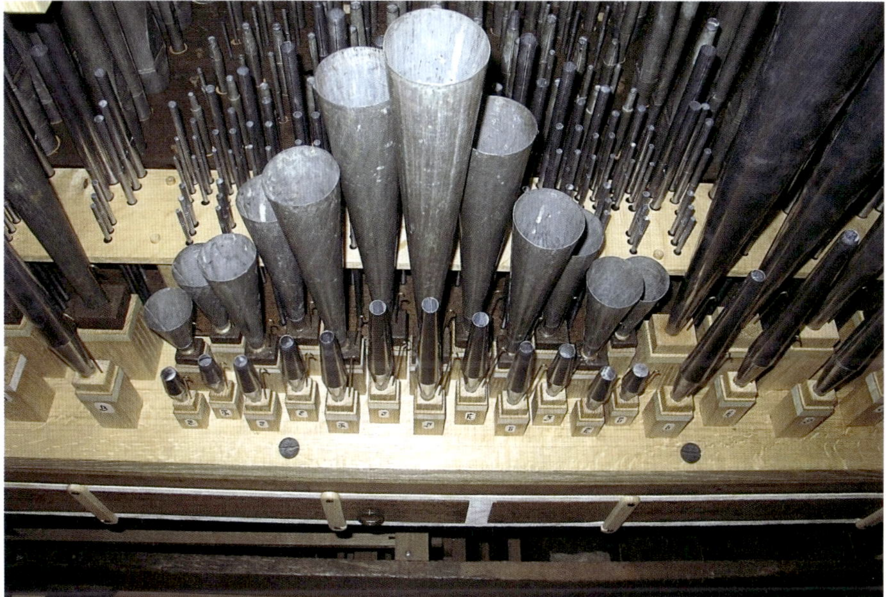

iert nach Vorbildern der Schnitger-Orgeln in Stade, St. Cosmae und Uithuizen. Als einziges Zugeständnis zugunsten einer dauerhafteren Standfestigkeit wurde für die Becher der Posaune 16' eine Legierung mit höherem Zinngehalt verwendet, da die Becher in dem engen Gehäuse nicht alle senkrecht stehen können und somit der Gefahr des Einknickens ausgesetzt sind.

Die beiden Trompeten 8', die Posaune 16' und das Cornet 2' haben den vollen runden Klang der hochbarocken Orgeln. Die eher altertümlichen Register Krummhorn 8' und Trechterregal 8' sind typisch für die frühen Orgeln Arp Schnitgers und lassen noch einen Hauch von Renaissanceklängen erahnen.

△ Trechter Regal 8'

△ Trommet 8' und Krummhorn 8'

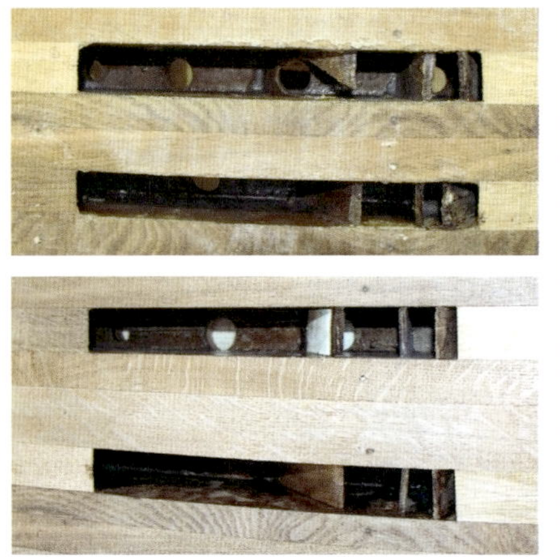

## WINDLADEN

Die Windladen gehören zu den Teilen der Orgel, die einem gewissen natürlichen Verschleiß unterliegen. So müssen in größeren Abständen die Belederungen der Tonventile erneuert und die Schleifen neu abgerichtet werden. Häufig wurden in früherer Zeit die Wartungsarbeiten nicht in der originalen Art durchgeführt und die Windladen dabei mehr oder weniger stark verändert. In Neuenfelde wurde vor allem durch sehr starkes Abhobeln der gespundeten Oberseite viel originales Material zerstört. Zur Stabilisierung hatte die Orgel-Werkstatt Ott eine Sperrholzplatte aufgeleimt, die nicht ohne die Gefahr weiterer Zerstörung wieder entfernt werden konnte und somit beibehalten werden musste. Die Sperrholzplatten auf der Unterseite konnten jedoch entfernt werden. Die Kanzellen wurden neu verspundet. Großer Schaden war bei der Durchbohrung der oberen Sperrholzplatten entstanden, da die Windleitschiede zwischen den drei Zungenregistern des Pedals ebenfalls durchbohrt wurden. Die Löcher mussten in aufwändiger Reparatur geschlossen werden.

△ Windleitschiede vor der Restaurierung

△ nach der Restaurierung

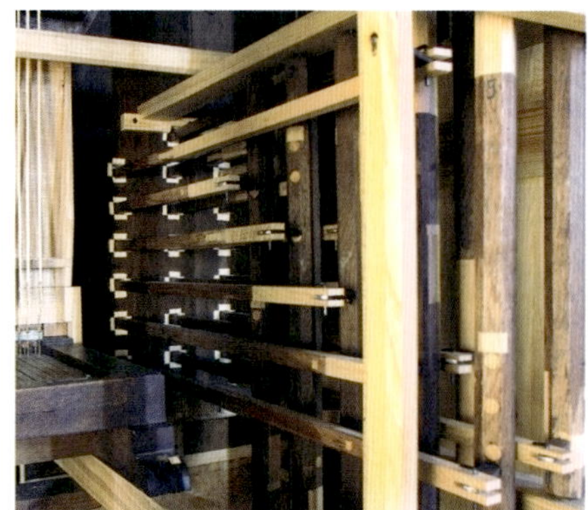

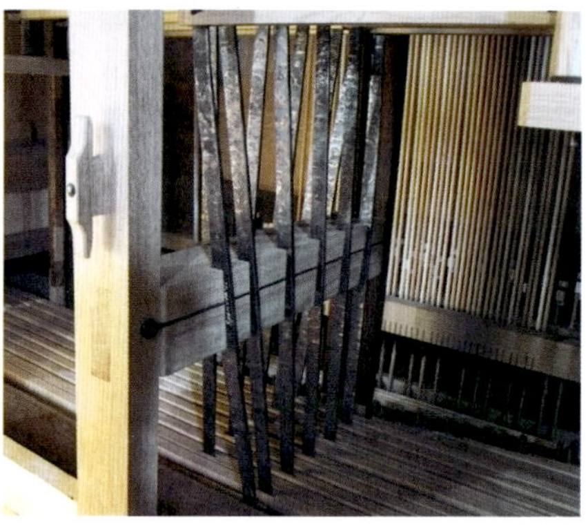

Alle Windladen erhielten neue Ventilbelederungen und neue Pulpeten. Die Windeinlässe wurden nach Spuren rekonstruiert.

## TRAKTUREN

Die Trakturen bilden die Verbindungen von den Tasten zu den Tonventilen (Spieltraktur) bzw. von den Registerzügen zu den Schleifen (Registertraktur). Sie sind von entscheidender Bedeutung für die Spielweise der Orgel. Von der Spieltraktur ist nur das Wellenbrett unter dem Oberwerk weitgehend erhalten. Alle anderen Spieltrakturen sind durch die mehrfachen Veränderungen der Werkstätten

△ Registertraktur

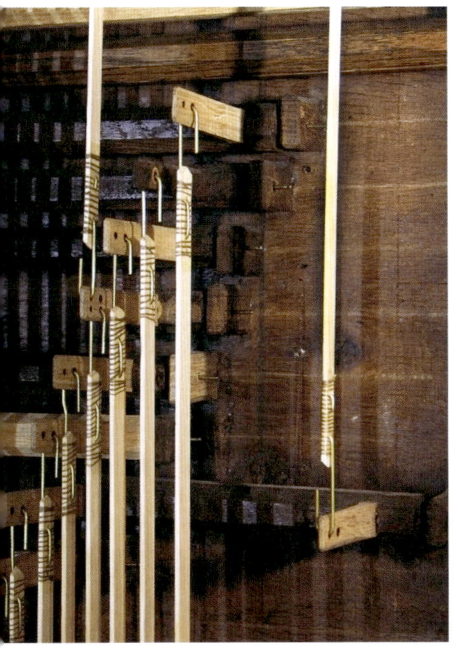

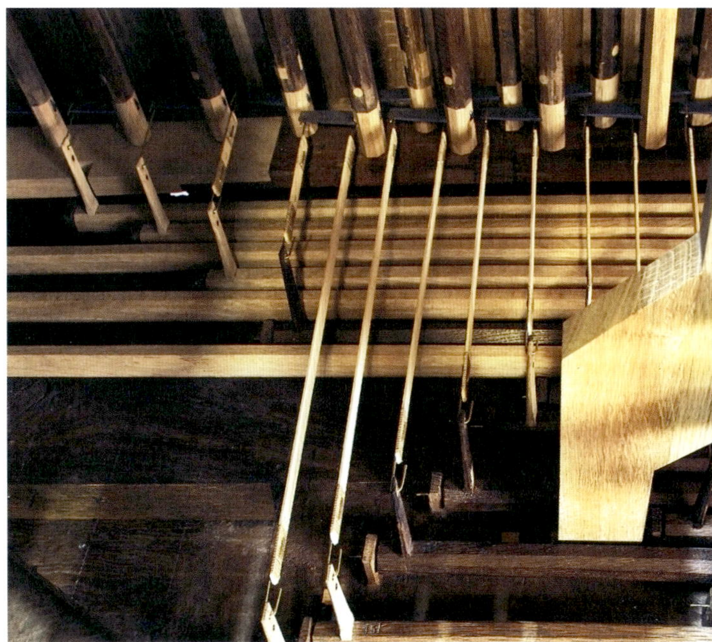

△ (li. u. re) Details der Spieltraktur

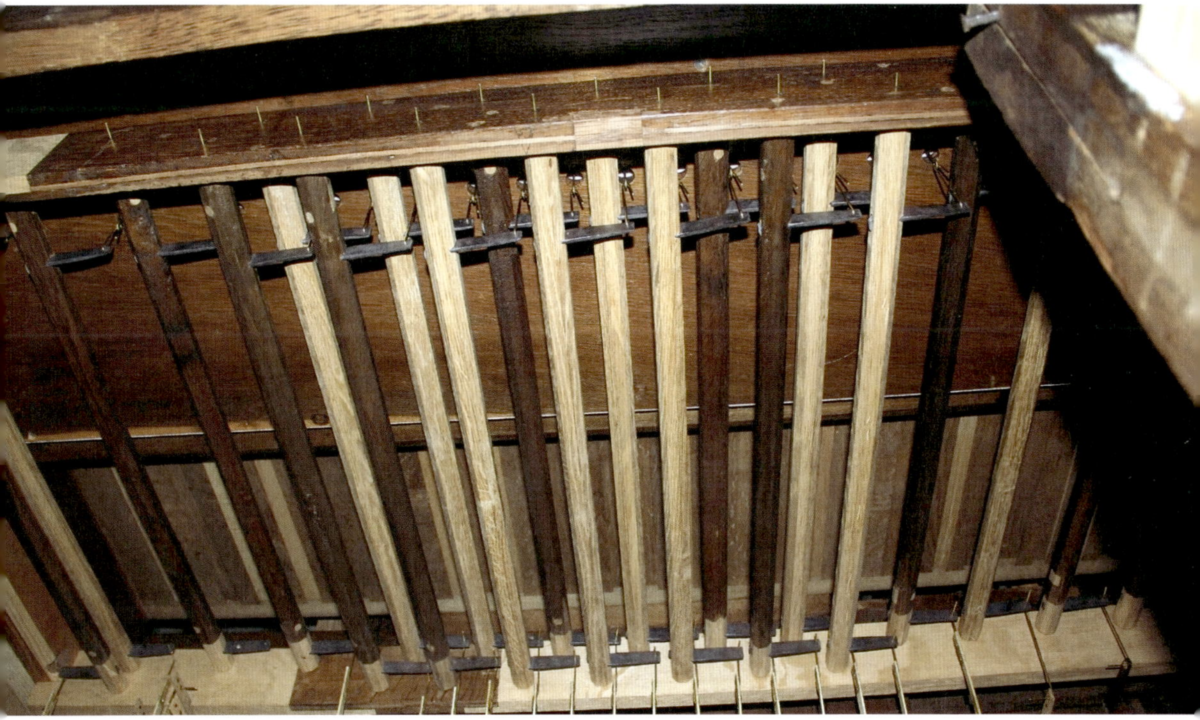

△ Wellenrahmen unter der Windlade des Oberwerks

v. Beckerath und Ott vollständig verloren. Nur minimale Spuren, z. B. Abdrücke und Nagellöcher auf den Emporendielen, konnten Hinweise auf den originalen Trakturverlauf bringen. Die Spieltraktur wurde in Analogie zum Wellenbrett des Oberwerks und nach Vergleichsmuster anderer Schnitgerorgeln rekonstruiert.

In der Registertraktur fand sich noch relativ viel originales Material, allerdings stark umgearbeitet und häufig in veränderter Funktion wiederverwendet. In mühevoller Puzzlearbeit konnten alle Teile wieder an ihren ursprünglichen Platz zurückversetzt werden.

Die Klaviaturen stammen höchstwahrscheinlich von Georg Wilhelm Wilhelmy. Es wurde darauf verzichtet, sie in Bauweise Arp Schnitgers zu rekonstruieren, da Schnitger durchaus unterschiedliche Klaviaturen fertigte und eine Rekonstruktion allzu hypothetisch gewesen wäre. Einzelne neuere Tastenauflagen aus Elfenbein wurden entsprechend den übrigen Tasten mit Auflagen aus Rinderknochen ersetzt.

## WINDVERSORGUNG

Die Windanlage war durch zahlreiche Veränderungen aus dem 20. Jahrhundert kaum noch in ihrer ursprünglichen Funktion vorhanden. Fast alle Kanäle waren erweitert oder durch wesentlich größere ersetzt worden. Zusätzlich fand sich hinter den Klaviaturen ein sehr großer Stoßfänger für das Rückpositiv. Zwischen Gebläse und Windladen waren zwei große Magazinbälge geschaltet, die originalen Keilbälge dagegen außer Funktion gestellt. Das alles deutete auf veränderte Erwartungen hinsichtlich der Stabilität des Windes hin aber auch auf mangelnde Erfahrung in der Abstimmung der Teile untereinander. Während des Abbaus gewannen wir zunehmend Klarheit über die ursprüngliche Anlage. Dabei traten einige Besonderheiten zu Tage, die frühere Orgelbauer zu vermeintlichen Verbesserungen veranlasst haben mögen. Zum einen ist die Windlade des Rückpositivs tatsächlich sehr eng dimensioniert und neigt zu einer recht lebendigen Windcharakteristik. Durch den viel zu großen Kanal von Karl Kemper in Verbindung mit niedrigem Winddruck wurde die Windversorgung aber keineswegs stabilisiert, sondern eher labiler gemacht. Das veranlasste wiederum Paul Ott zum Einbau des großen Stoßfängers. Zum anderen gibt es eine gewisse Problematik im Pedal, da die Bälge nicht symmetrisch zwischen den beiden Pedaltürmen stehen. Zum nördlichen Pedalturm ist der Kanal sehr kurz, zum südlichen dagegen recht lang. Dies kann sich bei virtuosem Pedalspiel ungünstig bemerkbar machen. Wir rekonstruierten zunächst die ursprüngliche Anlage anhand der vorhandenen Spuren. Das Ergebnis erschien erst einmal gewöhnungsbedürftig. Durch etliche, winzige Veränderungen konnte aber ein sehr überzeugendes Ergebnis erzielt werden, das dem Organisten ein sensibel abgestimmtes historisch orientiertes Spiel ermöglicht, dieses aber auch von ihm einfordert. Zur Windstabilisierung im südlichen Pedalturm wurde ein kleiner Ausgleichsbalg auf dem Kanal angeschlossen. Einen ähnlichen Ausgleichsbalg erhielt auch das Rückpositiv. Dieser Balg kann mit wenigen Handgriffen arretiert werden und wird – das kann man nach einigen Jahren rückblickend sagen – nur selten genutzt.

Zur Windversorgung gehört natürlich auch das oftmals strittige Thema des Winddrucks. Ein höherer Druck trägt tendenziell zur Stabilisierung des Windes bei, kann aber auch zu einem forcierten Klang führen. Nach intensiven Hörproben an den vorintonierten Pfeifen wurde der Druck auf 84 mm WS (84 mm Wassersäule = 823,74 Pascal) festgelegt. Das erscheint auch für norddeutsche Verhältnisse relativ hoch, zeigte sich aber

▷ Balganlage mit 6 originalen Keilbälgen

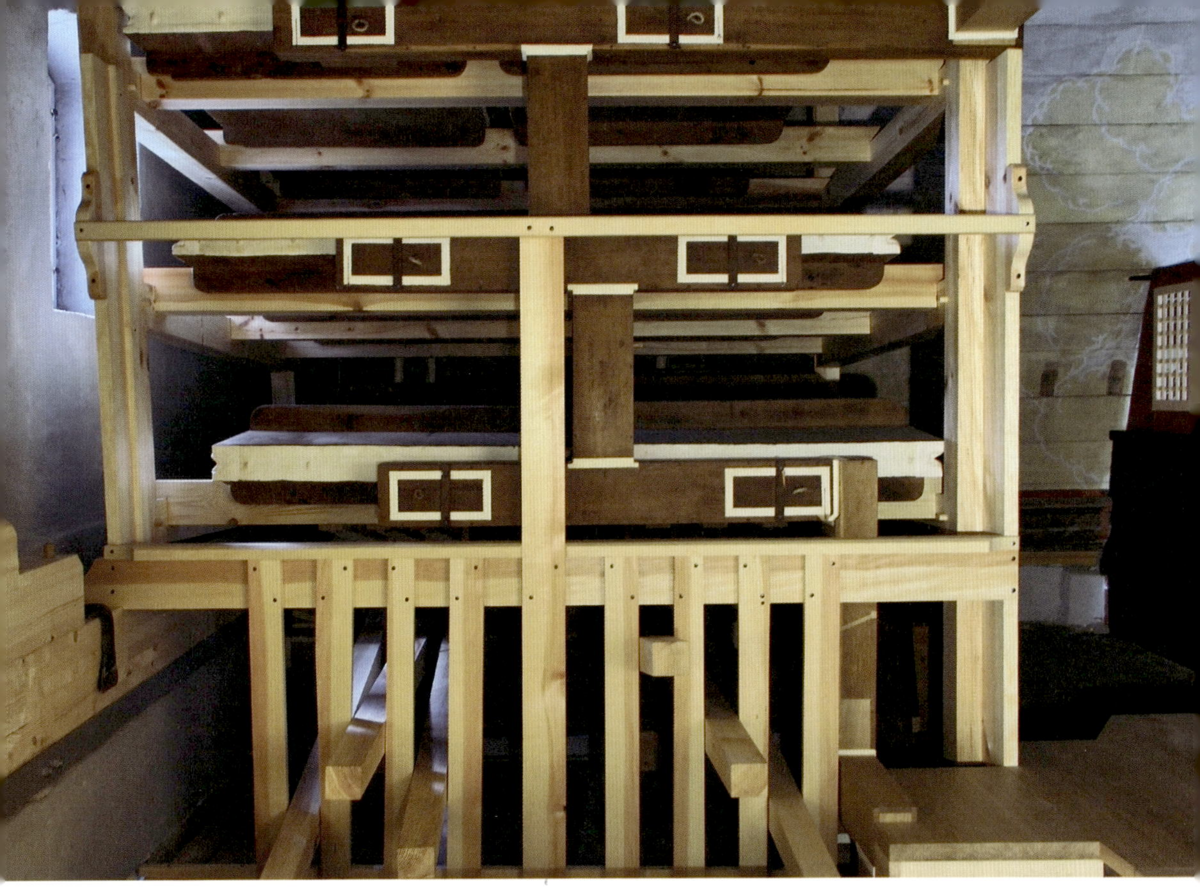

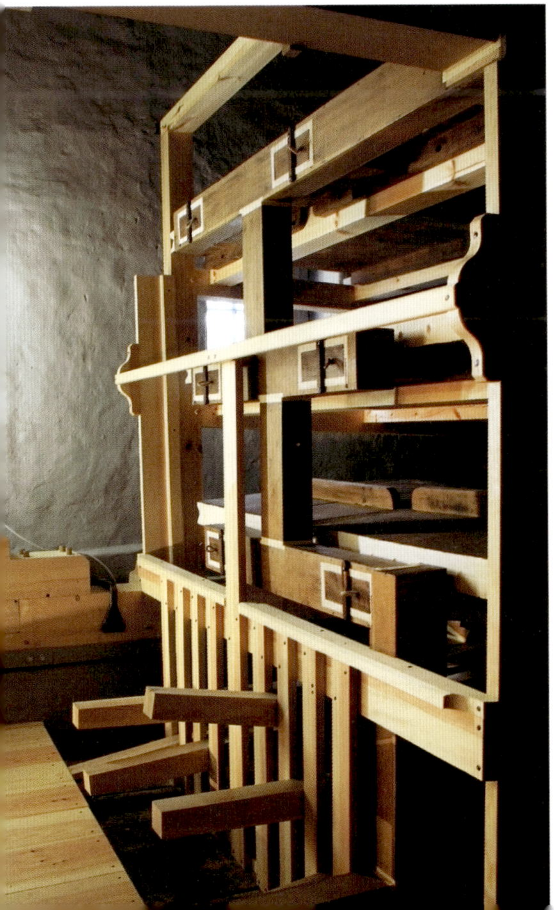

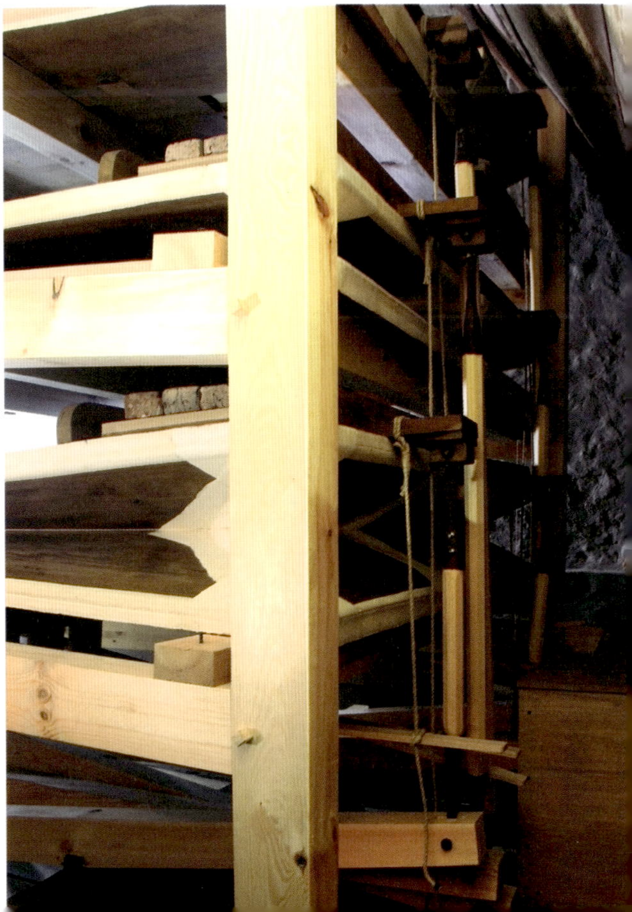

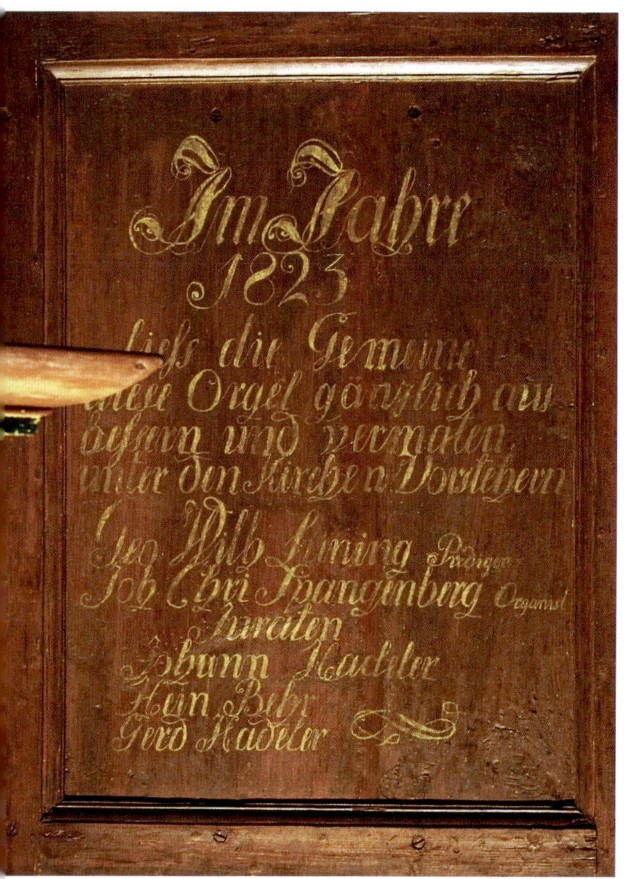


klanglich in Verbindung mit der hervorragenden Akustik der Kirche als völlig unproblematisch. Im Gegenteil führt dieser Winddruck zu einer Farbigkeit des Klanges, den die Neuenfelder Orgel für lange Zeit vermissen ließ.

## INTONATION UND STIMMUNG

Der Intonation gingen zahlreiche Studienreisen zu anderen erhaltenen, auch rekonstruierten Schnitger-Orgeln voraus. Die große Anzahl der gut erhaltenen und trotz der vielen Eingriffe wenig veränderten Pfeifen waren der Ausgangspunkt für die Intonation in dem akustisch so besonderen Kirchenraum. In die vokale Präsenz der Principale galt es die rekonstruierten gemischten Stimmen so einzupassen, dass der notwendige Klangglanz entsteht, ohne dass eine unangenehme Schärfe diesen Eindruck trübt. Die große Besonderheit der Neuenfelder Orgel besteht in dem facettenreichen Klang der Flötenregister. Auf die feine Differenzierung der einzelnen Stimmen, einschließlich der Aliquoten wurde bei der Intonation besonders geachtet. Die Intonation wurde von Markus Zoitl als leitender Intonateur, Robert Wech, Michael Wetzel und Andrzej Kriese ausgeführt.

Die ursprüngliche Stimmung oder genauer gesagt Temperierung läßt sich auch bei der Neuenfelder Orgel nicht mit Sicherheit rekonstruieren. Im Allgemeinen stimmte Arp Schnitger seine Orgeln wohl mehr oder weniger mitteltönig, wobei über das Ausmaß der Abweichung gegenüber einer ganz strengen Mitteltönigkeit mit 8 reinen Dur-Terzen große Unklarheit herrscht. Auf Vorschlag des Organisten Hilger Kespohl wurde eine Temperierung entwickelt, die ein wesentliches Charakteristikum der Mitteltönigkeit beibehält, nämlich die Gleichheit der sogenannten »guten« Tonarten. Es gibt in dieser Temperierung einen Kernbereich der Durdreiklänge von B-Dur im Quintenzirkel bis E-Dur, in dem die großen Terzen gleich gut sind. Die spätbarocke Eigenschaft einer Tonartencharakteristik mit unterschiedlichen großen Terzen ist also hier nicht anzutreffen. Da die Töne *dis* und *es* in der norddeutschen Orgelliteratur gleichermaßen vorkommen, wurde hier ein Ausgleich vorgenommen, wodurch die Terzen *h-dis* und *es-g* beide etwas mehr geschärft sind. Diese »Neuenfelder Stimmung« hat sich seither bestens bewährt.

△ Inschrift am nördlichen Pedalturm

▷ Prospektpfeifen des Principal 16'

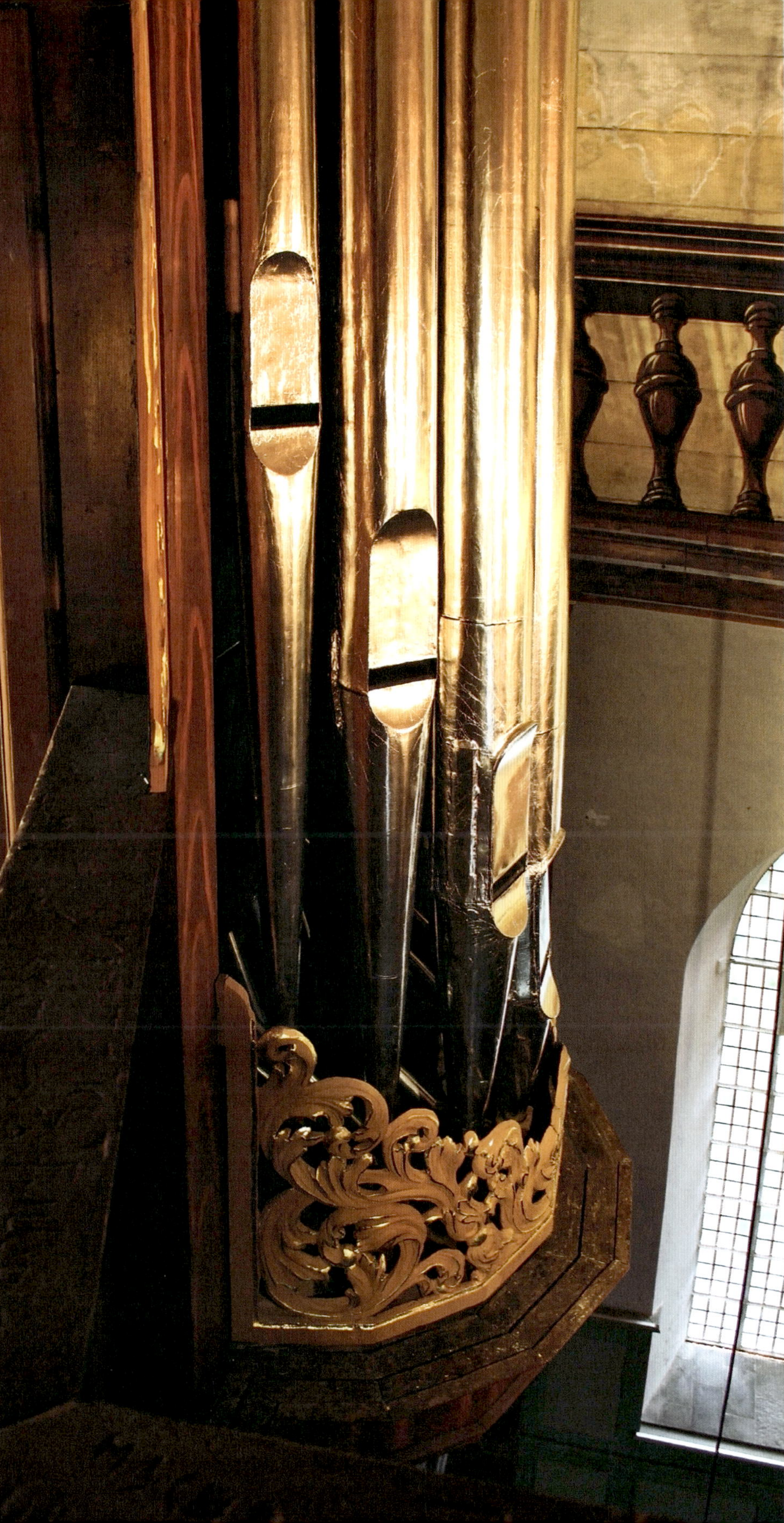

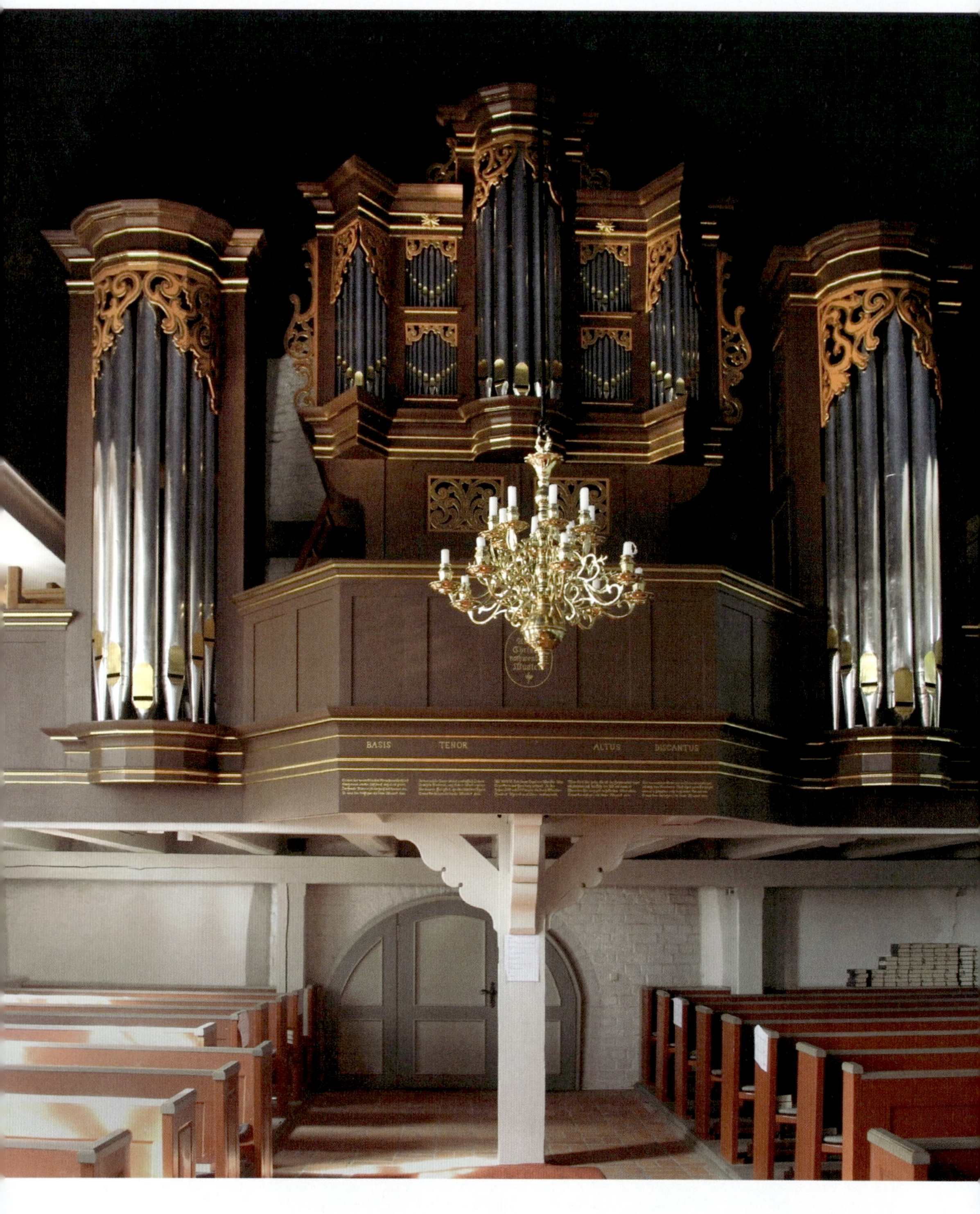
BASIS
TENOR
ALTUS
DISCANTUS

Peter Golon

# ORGELLANDSCHAFT »ALTES LAND«

Das an den westlichen Gestaden der Elbe zwischen Hamburg und Stade gelegene »Alte Land« gehört in den Reigen jener norddeutschen Marschen, deren Bedeutung für die Musikgeschichte insbesondere durch Arbeiten des Freiburger Musikwissenschaftlers Konrad Küster in ein ganz neues Licht gerückt wurden:

*Spricht man etwa vom Aufblühen einer Musikkultur Thüringens nach 1600, die die Orgeln buchstäblich aufs Dorf gebracht habe, ist klar, dass dieser Prozess ... in jenen Marschenregionen schon Generationen zuvor stattgefunden hatte – vielfach bereits vor der Reformation. Und blickt man weiter nach Süddeutschland, so erscheint »die Orgel« dort als etwas grundsätzlich Städtisches oder für kirchliche Zentren Geeignetes, gerade nicht aber als etwas flächig Präsentes. Dass norddeutsche Regionen innerhalb der Musikkultur Mitteleuropas einen Vorsprung vor anderen hatten, wirkt ungewohnt: Vertrauter ist es, wenn »die Musik« in Thüringen oder im Voralpenraum spielt, vor allem aber in Italien...* [1]

◁ Die Schnitgerorgel in St. Mauritius zu Hollern

Die Frage danach, wann die Marschgemeinden begonnen haben, ihre Kirchen mit Orgeln auszustatten, lässt sich allerdings nicht präzise beantworten. Das liegt schlicht an nicht vorhandenen schriftlichen Quellen. Die Orgeln sind einfach »da«, sobald auf Ortsebene die Phase einer dichteren schriftlichen Dokumentation erreicht ist. Diese reicht in den Marschen nur an wenigen Orten bis in vorreformatorische Zeit zurück. Aber immerhin: Schon für das 15. Jahrhundert sind Orgeln selbst in kleinen Orten, so z. B. im ostfriesischen Rysum bezeugt. Im Alten Land stammen die frühesten schriftlich dokumentierten Nachrichten aus der Zeit zwischen 1562 und 1585: Kirchenrechnungen verzeichnen Ausgaben für Baumaßnahmen an schon vorhandenen Instrumenten; auch werden schon mal Ausgaben für das Schuhwerk des Bälgetreters vermerkt.

Letzlich liegen die eigentlichen Anfänge dieser Orgelkultur im Dunkel der Geschichte, auch wenn noch Orgelregister vorhanden sind, die in dieser »vorschriftlichen Zeit« in die Orgeln kamen.

Das Alte Land bildet in der ohnehin weltweit einzigartigen Orgellandschaft im Küstensaum zwischen Ijsselmeer, Hamburg und Ribe insofern eine noch ganz eigene Größe, als die Siedlungsstruktur es hier mit sich bringt, dass auf 12 Kilometern Weges schon im späten 16. Jahrhundert sechs Orgeln nachweisbar sind – die Kirchen von Borstel und Jork z. B. liegen gerade einmal einen Kilometer auseinander! Diese Orgeldichte in ländlichen Gebieten lässt sich kaum toppen.

Häufig hört und liest man, die Orgelherrlichkeit der norddeutschen Marschen hänge zusammen mit dem Reichtum der Marschbauern und ihrer Repräsentationssucht. Aber es war eben nicht nur das. Niemand stellt sich ein überaus teures Möbel in die Kirche, nur um zu imponieren – die als knauserig verschrieenen Altländer schon gar nicht! Die Orgel war wichtiger Bestandteil des liturgischen Geschehens und zumindest die Mitglieder des dörflichen Patriziats aus Großbauern, Adelsfamilien und Händlern erwarteten Musik, wie sie in den Kirchen der Hansestädte Stade, Buxtehude und Hamburg erklang.

In Steinkirchen beispielsweise existierte schon seit Jahrhunderten eine Orgel, bevor man daran dachte, sie für die Liedbegleitung zu nutzen. Bis dahin erklang das Instrument solo oder im Rahmen von Figuralmusik. Auch beim Gemeindegesang fungierte die Orgel für Jahrhunderte solistisch; auf ein Choralvorspiel folgt das sogenannte Alternatim-Musizieren: Gemeindestrophe - der (Lehrer-) Kantor leitet mit seinen Schulknaben den A capella-Gesang der Gemeinde - Orgelstrophe des Organisten - Gemeindegesang...

Das Sterbebuch der im Süden Jütlands auf der Höhe von Sylt gelegenen Gemeinde Møgeltønder vermerkt anlässlich des Todes des örtlichen Organisten im Jahre 1704: *»Am Sonntag Rogate, dem 27. April, ging er frisch und gesund in die Kirche. Doch als er auf dem Orgelwerk das Vaterunser auslegte, wurde er hastig von einer Bewegung oder einem Schlag auf der linken Seite erfasst...«*[2] Man wird vermuten können, dass der Organist dabei gewesen ist, über Luthers Vaterunserlied zu improvisieren, was der liturgischen Funktion der Orgel als Künderin des Wortes Gottes voll entsprach. Auch in Altländer Kirchen wurde diese Funktion schon äußerlich dadurch betont, dass die Orgel ursprünglich häufig als Pendant zur Kanzel – meist an der Nordseite des Chores – aufgestellt wurde. Die Gleichwertigkeit der Verkündigung des Evangeliums in Wort und Musik war insbesondere für die im Alten Land lange Zeit herrschende lutherische Orthodoxie eine Selbstverständlichkeit. Orgel- und Figuralmusik galt als Abglanz himmlischen Musizierens.

Um die musikalische Qualität einer so verstandenen Musik zu sichern, legten viele Marschgemeinden zumindest bis zum Ende des 18. Jahrhunderts großen Wert auf die Qualifikation ihrer Organisten.

So stößt man auf Dorforganisten, die ihre Ausbildung in Amsterdam bei Jan Pieterszon Sweelinck und bei den Hamburgern, allen voran Heinrich Scheidemann, erhielten. Später tauchen wiederholt als Lehrer Vincent Lübeck und Carl Philipp Emanuel Bach in den Akten auf. Heinrich Scheidemanns Vater, der spätere Hamburger Katharinenorganist David Scheidemann war zeitweise Organist in dem Marschdörfchen Oberndorf an der Oste[3].

Und wenn sich noch bei der Organistenwahl 1801 unter den 26 aus vielen Gegenden Europas in Altenbruch sich bewerbenden Organisten auch Johann Christian Leberecht Kittel, der letzte große Schüler Johann Sebastian Bachs befand, so mag dies ein Schlaglicht auf die norddeutsche Szene an der Elbe werfen.

Die Gemeinden ließen sich die Orgelmusik etwas kosten. Da hatte ein Küsterorganist auch schon einmal höhere Jahreseinkünfte als der zweite Pastor.

---

▷ Borstel - St. Nicolai (St. Romanus)

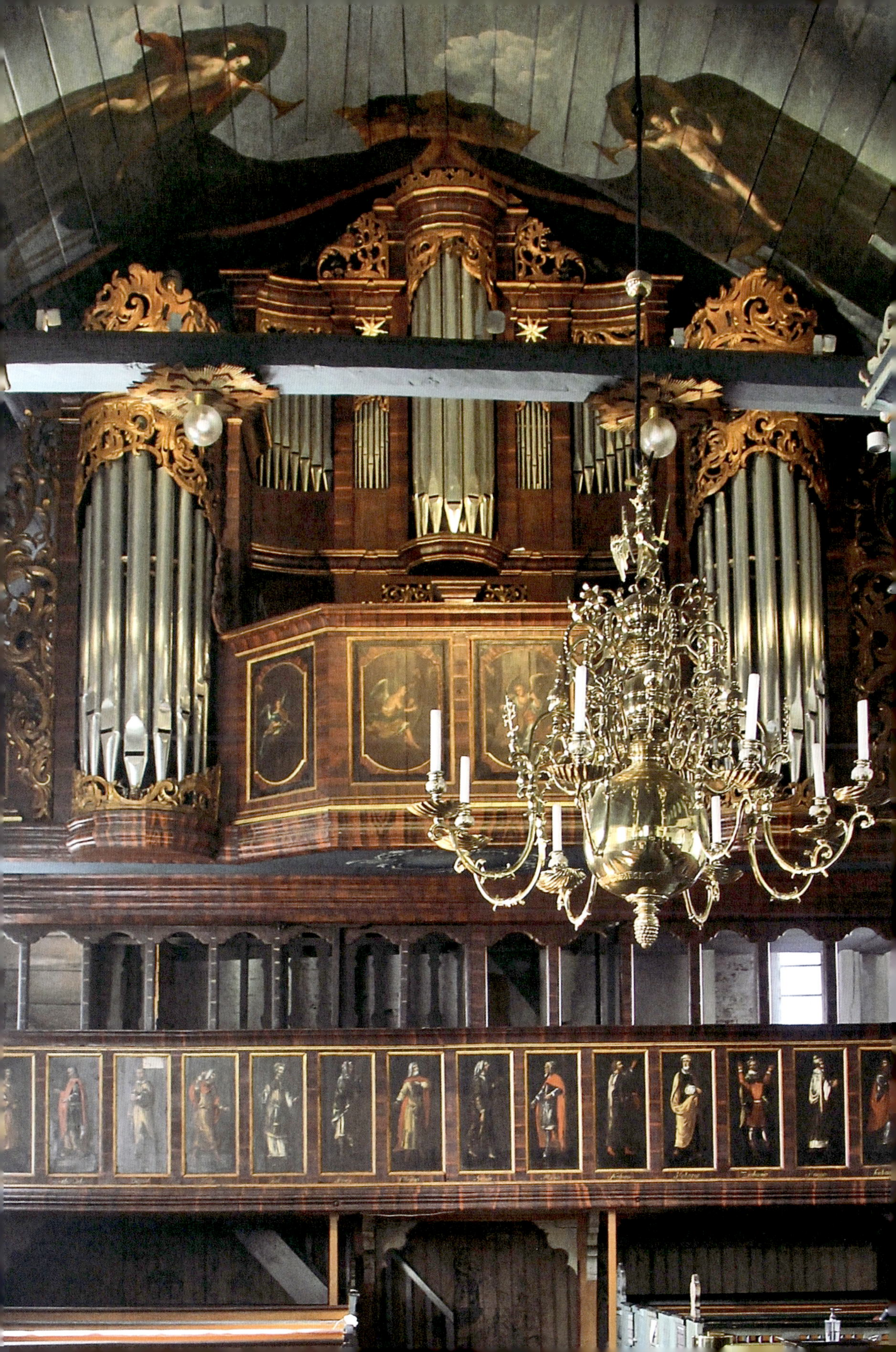

Es mag verwundern, dass von dieser Orgelkultur nur wenig in Form von Notenhandschriften erhalten ist. Zunächst werden die Organisten Notenmaterial, das sie während ihrer Ausbildung sozusagen als Modelle kopiert oder später selbst erstellt haben, in ihrem Besitz behalten und nicht auf der Orgelprieche gelagert haben. Aber selbst wenn Letzteres zutraf, verschwand vieles bei Aufräumaktionen, ganz abgesehen davon, dass die Lehrerorganisten des 19. und 20. Jahrhunderts mit den Noten in Tabulaturschrift nichts anfangen konnten. Vor allem anderen aber werden die Gründe für das Fehlen schriftlicher Zeugnisse darin zu suchen sein, dass die Kunst des Orgelspiels in der Kunst der Improvisation bestand.

Aber immerhin: Wenn etwa Musik des 1560 geborenen Hamburger Jacobiorganisten Hieronymus Praetorius der Nachwelt erhalten geblieben ist, liegt es daran, dass der in Freiburg/Elbe (Land Kehdingen) tätige Schüler von Praetorius' Sohn Jacob namens Berendt Petri diese Werke in ein Notenbuch eingetragen hat, dass durch besondere Umstände erhalten blieb und nach Visby auf Gotland gelangte[4]. In gleicher Weise durch glückliche Umstände erhalten blieben Orgelkonzerte, die in der ersten Hälfte des 18. Jahrhunderts von Christoph Wolfgang Druckenmüller in Jork und Marx Philipp Zeyholdt in Drochtersen (Land Kehdingen) komponiert wurden – und dies zeitlich vor anderen speziell für die Orgel geschriebenen und bisher schon bekannten Konzerten im italienischen Stil.

Im Laufe der Jahrhunderte hat sich die Orgeldichte im Bereich des Alten Landes noch verstärkt. Wichtiger allerdings noch ist die hohe Qualität der Instrumente, die uns überkommen, nicht der Zerstörung durch

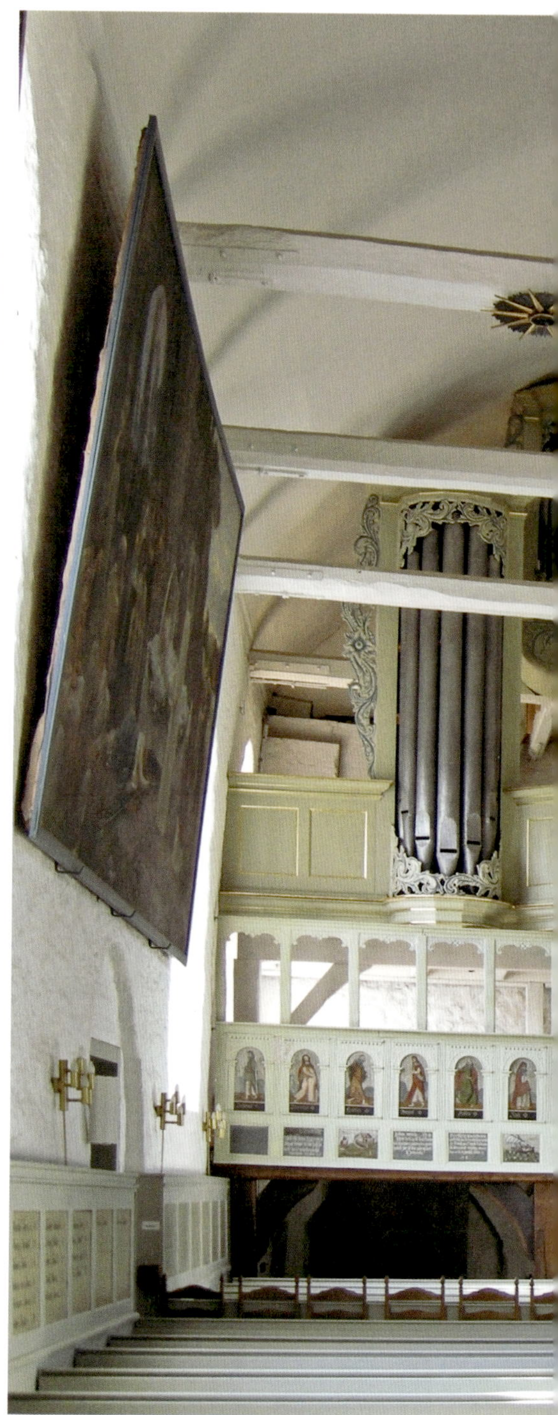

▷ Mittelnkirchen – St. Bartholomäus

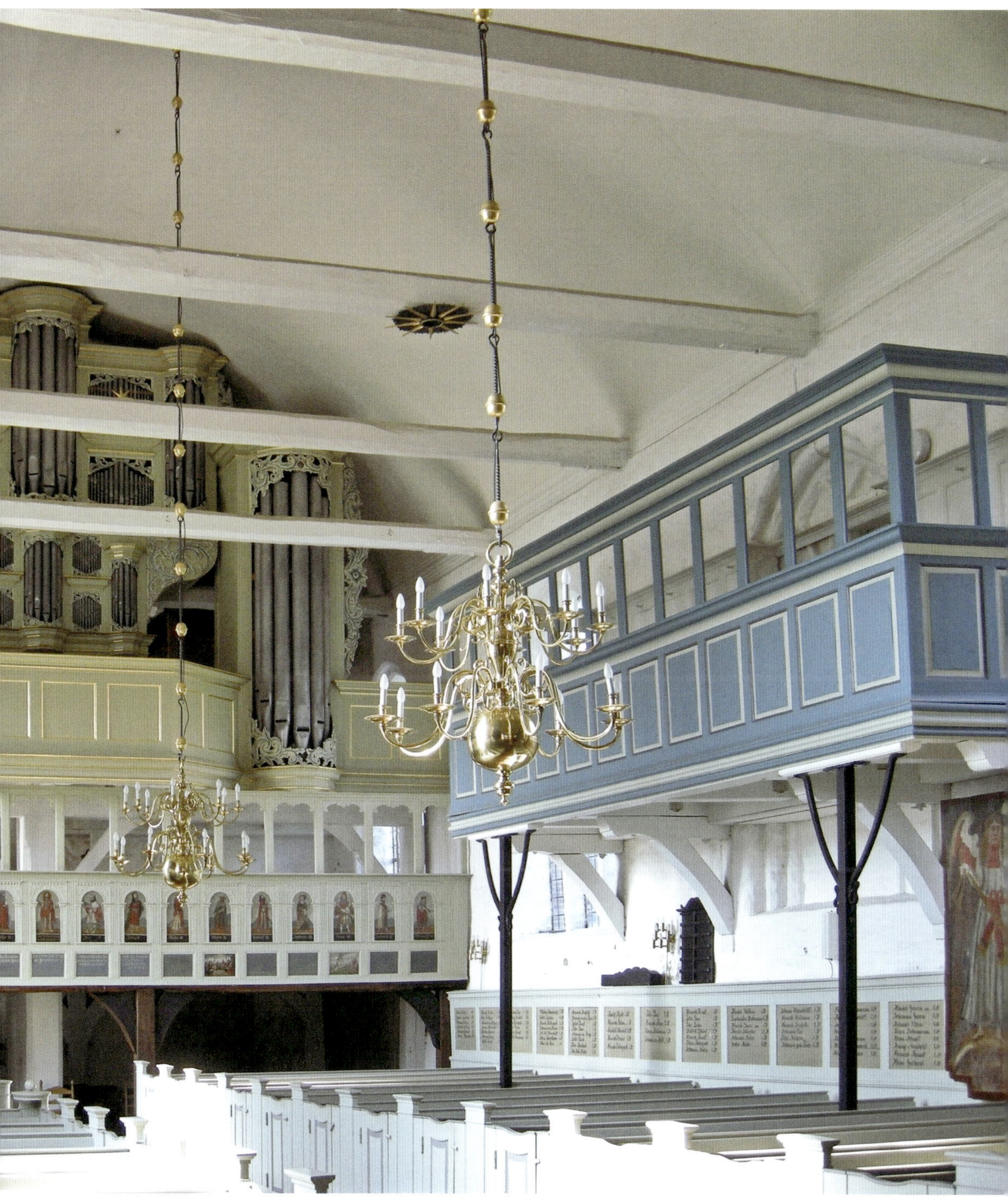

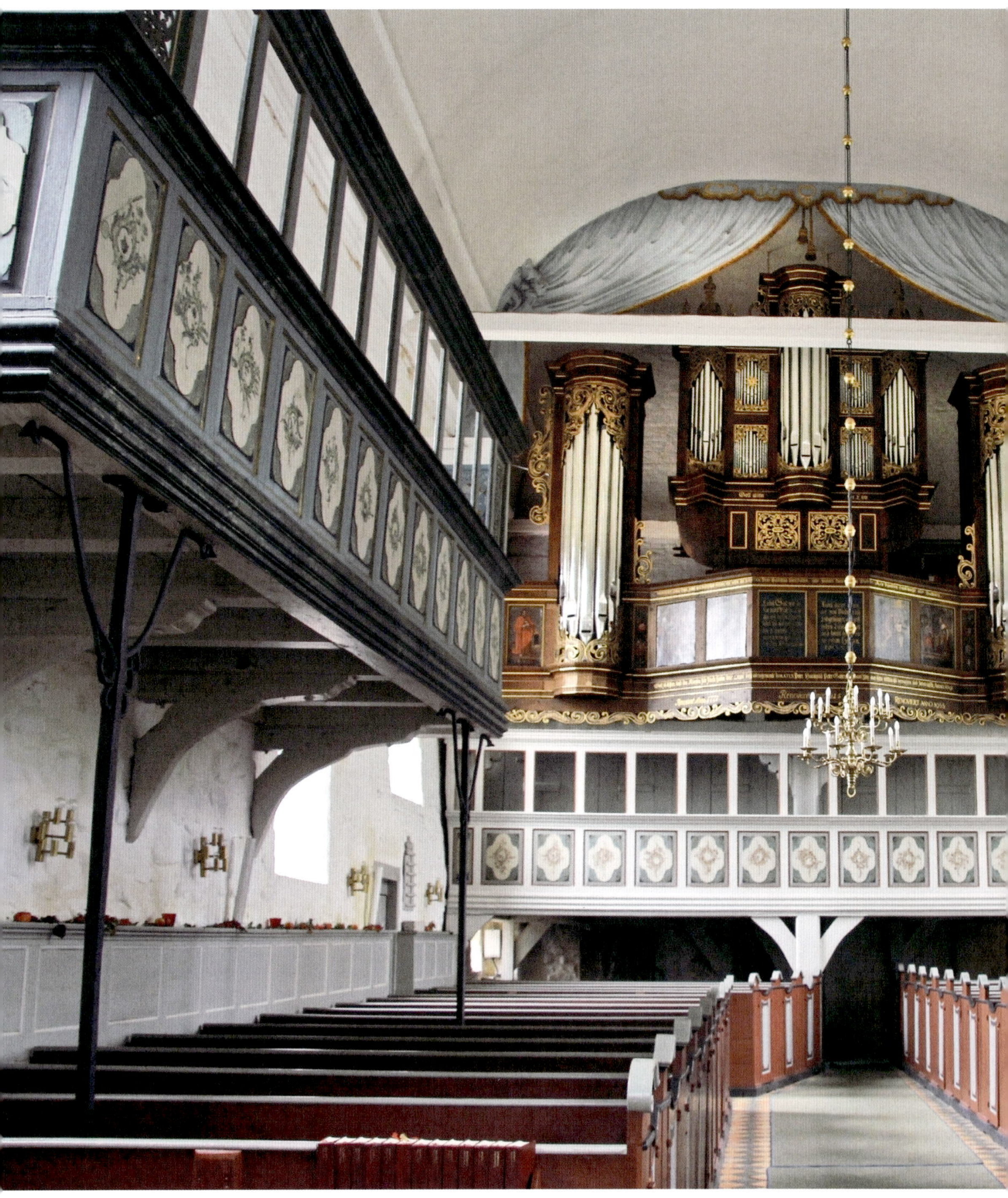

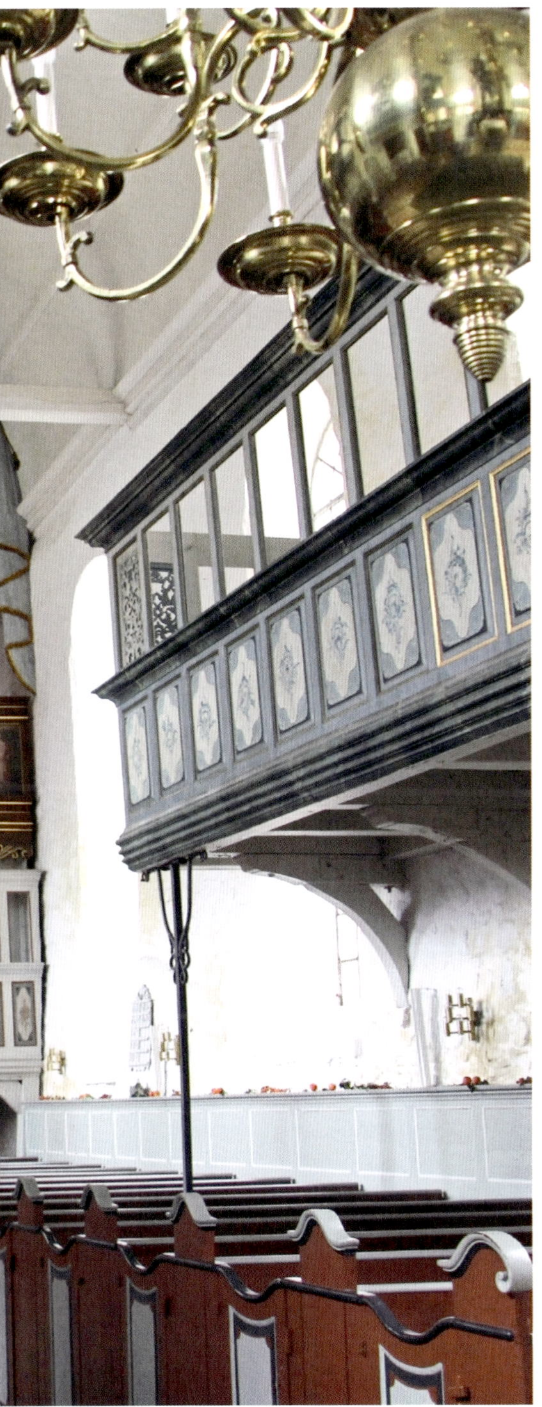

Krieg, Feuer oder sich ändernden Zeitgeschmack zum Opfer gefallen sind. Nimmt man die das Alte Land flankierenden Hansestädte Stade und Hamburg hinzu, ergibt sich noch heute eine Vielzahl weltweit bekannter und berühmter Orgelwerke des Barock auf engstem Raum. Von den da an vorderster Stelle zu nennenden acht Instrumenten in Stade St. Cosmae, Stade St.Wilhadi, Hollern, Steinkirchen, Mittelnkirchen, Borstel, Neuenfelde und Hamburg St. Jacobi sind sieben mit dem Namen des Orgelbauers Arp Schnitger verbunden.

Das Alte Land ist also nicht nur Orgelland, es ist auch Schnitgerland. Und das in vielfacher Hinsicht. In Stade, der am nördlichen Einfallstor des Alten Landes gelegenen schwedischen Regierungshauptstadt der Herzogtümer Bremen und Verden begann die Karriere des Orgelbauers. Dort baute er zusammen mit seinem Lehrmeister und Verwandten Berendt Huß die 1675 vollendete grandiose Orgel in St. Cosmae, die noch heute Besucher aus aller Welt in ihren Bann zieht. In Stade übernahm er nach dem Tode Huß' (1676) dessen Werkstatt. Dort entstanden so bedeutende Orgeln wie die jetzt in Cappel (Land Wursten) stehende Orgel für die Hamburger Johanniskirche, auf der Helmut Walcha in den 50er Jahren des 20. Jahrhunderts für die Deutsche Grammophon das Orgelwerk Johann Sebastian Bachs einspielte, – und damit Musik wie Schnitgerklang weltweit bekannt machte. In Neuenfelde in der 3. Meile Alten Landes nahm Schnitger Anfang des 18. Jahrhunderts seinen Wohnsitz auf dem durch Heirat ererbten heute sogenannten »Orgelbauerhof«. In der Neuenfelder Kirche, in der noch heute eines seiner herausragendsten Instrumente musiziert, errichtete er für sich und die Seinen einen Kirchenstuhl. Auch seine letzte Ruhestätte fand der Orgelbaumeister in der Kirche.

◁ Steinkirchen – Ss. Martini et Nicolai

Der schon vor Schnitger vorhandenen reichen Orgellandschaft des Alten Landes hat der Meister seine ganz eigene Prägung gegeben. Selbst bei Neubauten verwendete Schnitger häufig Pfeifenmaterial der Vorgängerorgel, wahrscheinlich nicht nur aus klangästhetischen, sondern auch aus ökonomischen Gründen. So etwa geschehen in Steinkirchen, wo heute eine der besterhaltenen Orgeln Schnitgers steht, deren Klang seit Beginn der 50er Jahre des letzten Jahrhunderts zunächst durch Aufnahmen der BBC und des Labels »His Master's Voice« – in beiden Fällen gespielt von dem britischen Alte-Musik-Pionier Geraint Jones in alle Welt ging.

Betrachtet man heute die in Jahrhunderten gewachsene Orgellandschaft Altes Land, finden sich hervorragende Klangbeispiele des 16. bis 20. Jahrhunderts. Die Orgeln in Neuenfelde, Borstel, Mittelnkirchen, Steinkirchen, Grünendeich und Hollern gehören zum klassischen norddeutschen Typ. In Jork findet sich hinter der Schnitgerschen Prospektfassade ein an den alten Klängen orientierter Neubau. In Estebrügge zeugt nur noch das Orgelgehäuse von einstiger Schnitgerscher Herrlichkeit. In der kleinen Fachwerkkirche von Twielenfleth findet man eine vollständig erhaltene romantische Orgel von Philipp Furtwängler aus dem Jahre 1861 und in Neuenkirchen versteckt sich ein Kleinod ganz eigener Art: Eine 1937 von Paul Ott (Göttingen) im Sinne der »Orgelbewegung« (der Wiederentdeckung alter Klangideale und Bauprinzipien) erbaute einmanualige Orgel mit Pedal.

Borstel – St. Nicolai (St. Romanus)
Die laut Inventarium von 1784 ursprünglich *nordseits neben dem Altar* stehende Orgel aus dem 15. oder 16. Jahrhundert wurde 1677 durch Arp Schnitger (Stade) umgebaut, 1770/71 durch Johann Paul Geycke (Hamburg) auf die Westempore verlegt und mit einer neuen Struktur versehen. Ein 1848/49 durch Philipp Furtwängler (Elze) vorgenommener Umbau – Hinterwerk anstelle des Brustwerkes – wurde bei der Restaurierung durch Gebr. Hillebrand (Altwarmbüchen) im Jahre 1993 rückgängig gemacht. 2011 erfolgten umfangreiche Arbeiten zur Rettung des in weiten Teilen von Bleifraß betroffenen historischen Pfeifenwerkes durch Gebr. Hillebrand.

Die Orgel verfügt über 22 Register auf Hauptwerk, Brustwerk und Pedal.

Mittelnkirchen – St. Bartholomäus
Die Ursprünge der Orgel sind auf das 16. Jahrhundert zurückzuführen. 1688 führte Arp Schnitger (Hamburg) einen umfangreichen Umbau der an der Nordseite des Chores stehenden Orgel durch, legte ein Brustwerk an und ergänzte das Instrument mit 10 neuen Registern. 1750-1753 versetzte Johann Matthias Schreiber (Glückstadt) die Orgel auf die Westempore, gab ihr nach ursprünglichen Plänen von Jakob Albrecht (Lamstedt) eine völlig neue Struktur und legte ein selbständiges Pedalwerk an. 1991 erfolgte eine Restaurierung durch Rudolf von Beckerath (Hamburg) sowie 2011 weitere Arbeiten durch Bartelt Immer (Norden).

Die Orgel verfügt über 31 Register auf Hauptwerk, Brustwerk und Pedal.

Steinkirchen – Ss. Martini et Nicolai
Im Jahre 1687 lieferte Arp Schnitger diese Orgel, die er auf einer eigens gebauten Westempore errichtete. Schnitger übernahm Register der wahrscheinlich an der Nordseite des Chores befindlichen Vorgängerorgel von Dirck Hoyer (Hamburg) aus dem Jahre 1582 sowie Pfeifenmaterial aus der vor Hoyer in Steinkirchen vorhandenen Orgel. Das Instrument wurde in der Folgezeit nur marginal verändert. 1947/48 und 1987/91 wurden Restaurierungsarbeiten durch Rudolf von Beckerath (Hamburg) und 2012 durch Rowan West (Altenahr) durchgeführt.

▷ Hollern – St. Mauritius

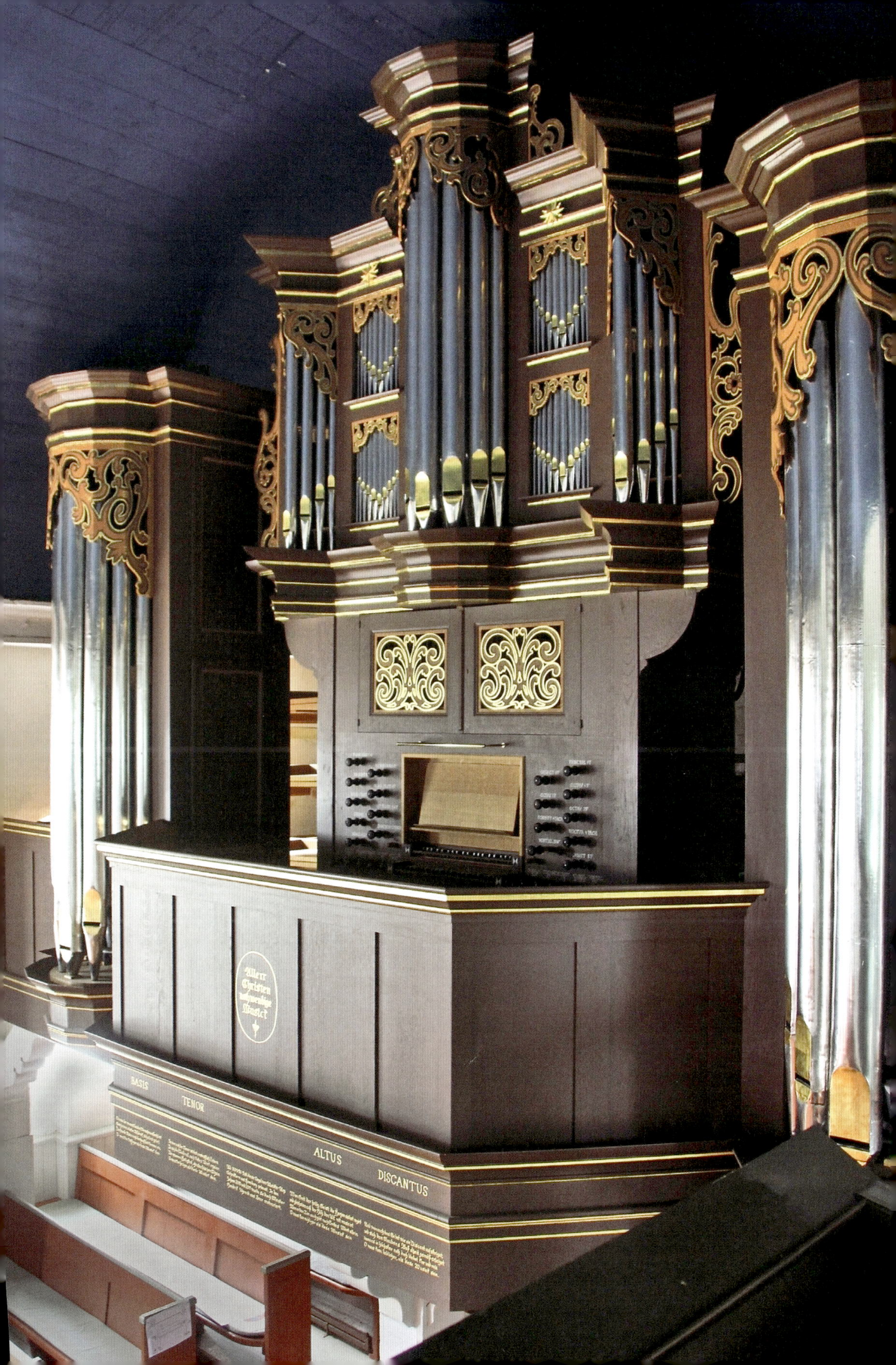
Aller
Christen
BASIS
TENOR
ALTUS
DISCANTUS

Die Orgel verfügt über 28 Register auf Hauptwerk, Brustwerk und Pedal.

Hollern – St. Mauritius
Im Jahre 1690 lieferte Arp Schnitger (Hamburg) diese Orgel. Er übernahm dabei keine Pfeifen aus der 1585 durch Dirck Hoyer errichteten Vorgängerorgel, was vermuten lässt, dass das Instrument zerstört war. 1858 legt Philipp Furtwängler (Elze) anstelle des Brustwerkes ein Hinterwerk mit neuer Lade und teilweise neuem Pfeifenwerk an. Nach Umbauarbeiten durch Emanuel Kemper (Lübeck) in den Jahren 1966/67 befand sich die Orgel in einem klanglich, technisch und strukturell desolaten Zustand. 2011 vollendete Firma Jürgen Ahrend Orgelbau umfangreiche Rekonstruktions- und Restaurierungsarbeiten, wobei das Instrument in der ursprünglichen Mitteltönigkeit eingestimmt wurde.

Die Orgel verfügt über 24 Stimmen auf Hauptwerk, Brustwerk und Pedal

## ANMERKUNGEN

1 Konrad Küster: »Orgelland Altes Land«, in: Gott allein die Ehre – Der Orgelreichtum im Alten Land, Ausstellungskatalog, Jork 2007, S. 7

2 zitiert nach Konrad Küster: »Musik am Deich: 500 Jahre Orgelkultur in den Marschen«, in: Jahrbuch des Altländer Archivs 2011, S. 7–31

3 Konrad Küster: »Zur Geschichte der Musikerfamilie Scheidemann«, in: Schütz-Jahrbuch 21 (1999), S. 99–113.

4 Konrad Küster: »Orgelkunst als Brücke über den Fluss: Die Elbmarschen«, in: Jahrbuch des Altländer Archivs 2005, S. 59–78

# DISPOSITION

## OBERWERK

| | |
|---|---|
| Quintadena 16‘ | vollständig erhalten, Kastenbärte, zugelötete Deckel |
| Principal 8‘ | mit Ausnahme von c‘‘‘ vollständig erhalten, D - h‘‘ im Prospekt, der Ton C ist mit Rohrfloit 8‘ zusammengeführt, also als Principalton nicht vorhanden |
| Rohrfloit 8‘ | vollständig erhalten, C - H gedeckt, ab c° mit Röhrchen, jeweils zugelötet |
| Octav 4‘ | vollständig erhalten |
| Spitzfloit 4‘ | vollständig erhalten, konisch offen |
| Nasat 3‘ | vollständig erhalten, konisch offen |
| Octav 2‘ | vollständig erhalten |
| Spielfloit 2‘ | mit Ausnahme von fis‘‘ vollständig erhalten, konisch offen |
| Rauschpfeiff 2f. | 2‘ und 1 1/3‘, die 2‘ Reihe vollständig, die 1 1/3‘ Reihe bis auf 6 Pfeifen vollständig erhalten |

| | | | | | | | | | | | | | |
|---|---|---|---|---|---|---|---|---|---|---|---|---|---|
| Mixtur 5-6f. (rekonstruiert) | C | | | | | 1 1/3‘ | | 1‘ | | 2/3‘ | | 1/2‘ | 1/2‘ |
| | c° | | | | | 1 1/3‘ | | 1‘ | | 2/3‘ | 2/3‘ | 1/2‘ | |
| | dis° | | | 2‘ | | 1 1/3‘ | | 1‘ | | 2/3‘ | 2/3‘ | | |
| | g° | | | 2‘ | | 1 1/3‘ | | 1‘ | 1‘ | 2/3‘ | | | |
| | d‘ | | 2 2/3‘ | 2‘ | | 1 1/3‘ | 1 1/3‘ | 1‘ | 1‘ | | | | |
| | g‘ | 4‘ | 2 2/3‘ | 2‘ | | 1 1/3‘ | 1 1/3‘ | 1‘ | | | | | |
| | c‘‘ | 4‘ | 2 2/3‘ | 2‘ | 2‘ | 1 1/3‘ | 1 1/3‘ | | | | | | |

| | | | | |
|---|---|---|---|---|
| Cimbel 3f. (rekonstruiert) | C | 3/16‘ | 3/20‘ | 1/8‘ |
| | F | 1/4‘ | 1/5‘ | 1/6‘ |
| | c° | 3/8‘ | 3/10‘ | 1/4‘ |
| | f° | 1/2‘ | 2/5‘ | 1/3‘ |
| | c‘ | 3/4‘ | 3/5‘ | 1/2‘ |
| | f‘ | 1‘ | 4/5‘ | 2/3‘ |
| | c‘‘ | 1 ½‘ | 1 1/5‘ | 1‘ |
| | f‘‘ | 2‘ | 1 3/5‘ | 1 1/3‘ |

| | |
|---|---|
| Trommet 8‘ | Becher trichterförmig, weit, volle Länge, Becher und Köpfe teilweise original erhalten |
| Krummhorn 8‘ | rekonstruiert nach Vorbild von Stade St. Cosmae, Becher mit Doppelkonus, 1/4 Länge |

## TEMPERIERUNG

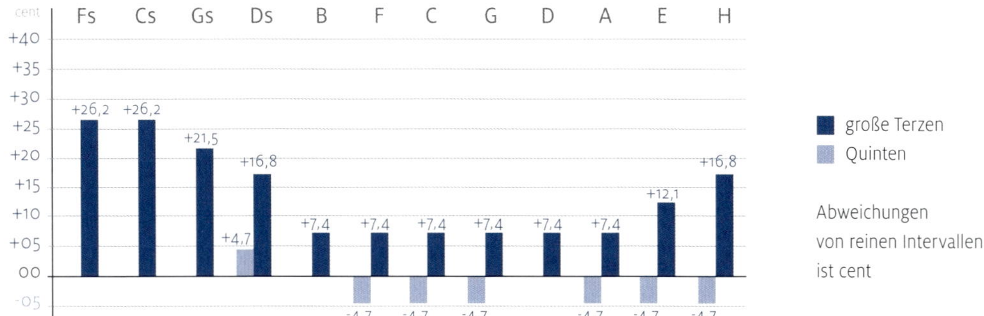

## RÜCKPOSITIV

| Quintadena 8' | Kastenbärte, zugelötete Deckel, ab f° original, mit Ausnahme von fis° und b° |
|---|---|
| Gedact 8' | Eichenholz, C – d° original |
| Principal 4' | vollständig erhalten, Prospekt |
| Plockfloit 4' | 37 originale und 8 rekonstruierte Pfeifen, zylindrisch, gedeckt (zugelötet), Seitenbärte |
| Quintfloit 3' | 30 originale und 15 rekonstruierte Pfeifen, zylindrisch, gedeckt (zugelötet), ab fis'' konisch offen, Seitenbärte |
| Octav 2' | 27 originale und 18 rekonstruierte Pfeifen |

| Sexquialt 2f. (rekonstruiert) | C | | | 1 1/3' | 4/5' |
|---|---|---|---|---|---|
| | c° | 2 2/3' | 1 3/5' | | |

| Tertzian 2f. (rekonstruiert) | C | | | | | 2/5' | 1/3' |
|---|---|---|---|---|---|---|---|
| | c° | | | 4/5' | 2/3' | | |
| | c' | 1 3/5' | 1 1/3' | | | | |

| Siefloit 1 1/2' | rekonstruiert nach Vorbild Cappel, zylindrisch offen |
|---|---|

| Scharf 4-5f. (rekonstruiert) | C | | | | | | | 1' | 2/3' | 1/2' | 1/3' |
|---|---|---|---|---|---|---|---|---|---|---|---|
| | c° | | | | | 1 1/3' | | 1' | 2/3' | 1/2' | |
| | g° | | | 2' | | 1 1/3' | | 1' | 2/3' | | |
| | cis' | 2 2/3' | | 2' | | 1 1/3' | | 1' | 2/3' | | |
| | g' | 2 2/3' | | 2' | | 1 1/3' | 1 1/3' | 1' | | | |
| | cis'' | 2 2/3' | 2 2/3' | 2' | 2' | 1 1/3' | 1 1/3' | | | | |

| Trechter Regal 8' | rekonstruiert nach Vorbild von Stade St. Cosmae, Becher aus doppeltem Trichter mit Deckel und Bohrung, 1/8 Länge |
|---|---|

## PEDAL

| Principal 16' | vollständig erhalten, C, D und E gedeckt (zugelötet), F bis fis° im Prospekt |
|---|---|
| Octav 8' | vollständig erhalten |
| Octav 4 | vollständig erhalten |
| Floit 4' | vollständig erhalten, zylindrisch, gedeckt (zugelötet), Seitenbärte |
| Nachthorn 2' | nur die Pfeife C original, Rest ergänzt, Prinzipalmensur mit schmaler Labierung |
| Rauschpfeiff 2f. | 2 2/3' und 2', 4 Pfeifen original, Rest ergänzt |

| Mixtur 5-6f. (rekonstruiert) | C | | 1 1/3' | 1' | | 2/3' | 1/2' |
|---|---|---|---|---|---|---|---|
| | c° | 2' | 1 1/3' | 1' | | 2/3' | 1/2' |
| | g° | 2' | 1 1/3' | 1' | 1' | 2/3' | 1/2' |

| Posaun 16' | originale Stiefel, alles andere rekonstruiert, 2/3 Länge |
|---|---|
| Trommet 8' | originale Stiefel, alles andere rekonstruiert, 1/1 Länge |
| Cornet 2' | rekonstruiert nach Vorbild Uithuizen |